세계를 바꾸는 파업

© 장석준·김덕련 2001

컬리지언총서 19
세계를 바꾸는 파업

지은이 장석준 김덕련 / 펴낸이 이일규 / 펴낸곳 이후
편집 김정한 정철수 / 디자인 현희경 / 마케팅 김현종

첫번째 찍은 날 2001년 1월 2일 / 등록 1998. 2. 18(제13-828호)
주소 121-816 서울시 마포구 동교동 113-82 기평빌딩 2층
영업 02-3143-0905 편집 02-3143-0915 팩스 02-3143-0906 홈페이지 www.e-who.co.kr
ISBN 89-88105-28-1 04300 ISBN 89-88105-00-1 (세트) / 값 8,500원

컬리지언총서 19

세계를 바꾸는 파업

장석준·김덕련 지음

E
2001

차례

펴내면서

1990년 봄 대학가는 현대중공업과 KBS의 파업 투쟁으로 흥분해 있었다. 특히 현대중공업 노동자들이 농성투쟁의 거점으로 잡은 골리앗 크레인의 웅장한 모습은 풋내기 대학 1학년생에게 '노동자계급'이라는 거대한 실체의 상징으로 압도해왔다. 골리앗의 전사들이 쓰라린 눈물을 흘리면서 그 차디찬 공중으로부터 내려올 때, 내게도 뜨거운 무엇이 복받쳤다.

1997년 1월 그 풋내기 대학생은 복학을 앞둔 20대 중반의 백수가 되어 서울의 차디찬 아스팔트 바다에 신문지를 펴놓고 앉아 있었다. 제대 이후 만난 선배들의 하나같은, 노동자운동에 대한 회의와 비관, 청산주의는 북풍 매서운 바람에 다 날아가 버리고, 그 자리에는 알록달록 다양하기도 한 노동조합의 깃발들이 나부끼고 있었다.

돌아보면 80년대 후반부터 대학가와 사회운동의 한 자락에 터 잡고 있었던 사람들이라면 자신이 기억하는 역사의 장면 장면들 속에 파업투쟁의 강렬한 모습 하나쯤은 깊숙이 박혀 있을 것이다. 이렇게 말해도 좋다면, 필자 역시 포함되는 그 세대에게 '사회운동'이란 결국(!) 파업, 총파업 투쟁이었다. 그런 역사적 무게를 뻔히 알면서도 20세기 한국과 세계의 파업 투쟁의 역사를 다루는 이런 책을 감히 낸다니, 주제넘은 만용이 아닐까 두려움이 앞서기도 한다.

원래 이 책에 실린 글들은 한국 민중운동의 국제연대투쟁을 위해 정보 유통과 직접 행동 모두에서 활발한 활동을 벌이고 있는 '국제연대정책정보센터(PICIS)'의 주간 매체인 『인터내셔널 뉴스』에 1999년 가을부터 2000년 봄까지 연재되던 것들이다. 처음 기획은 PICIS에서 내놓았고, 여기에 젊은 한국현대사 전공자인 김덕련과, 사회학도로서 노동운동의 동학에 관심을 갖고 있는 장석준이 부응하여 집필을 맡았다. 공부가 채 무르익지 않은 상태에서 나온 글들이라 세상에 내놓기 부끄러운 면이 많다.

더구나, 김덕련이 집필한 '한국' 부분과 장석준이 집필한 '세계' 부분은 각각 전혀 다른 기획물이라 할 수 있을 정도로 문체나 구성 등이 다 다르다. 애초에는 96~97년 한국 총파업을 한국과 세계의 역사적 흐름이 합류하는 지점으로 제시하려는 야망이 있었지만, 저자들의 재주가 이를 따라주지 못했다.

하지만, 연재 당시 글을 준비하면서 저자들이 부딪쳤던 문제들 때문에라도 저자들은 이런 부족한 원고나마 세상에 내놓아야겠다는 생각을 가지지 않을 수 없었다. 무엇보다도 세계적인 파업 투쟁 사례들에 대한 문헌들이 절대적으로 부족했고, 이것을 정리한 글은 더더욱 희귀했다. 한글 문헌만 찾기 힘들었던 것이 아니라, 도서관의 영문 자료조차도 축적된 것이 많지 않았다. 그래서,

가령 애초의 기획에 들어가 있었던 영국의 1984년 광부파업에 대한 정리는 뒤로 미뤄질 수밖에 없었다. 더 심도 있는 공부를 위한 첫 맛보기로서 우리의 연재물을 묶은 얄팍한 책이라도 시급히 필요하겠다는 생각이 저자들의 머리를 떠나지 않았다.

'한국' 부분에서는 그간의 연구 성과들, 그 중에서도 김경일, 이준식, 김무용, 정현백, 김동춘, 임영일, 김하경 선생 등의 작업을 상당 부분 참조하여 전체적인 틀거리가 짜여졌다. 물론 저자 나름의 판단과 해석이 서술 과정에 녹아 들어가 있긴 하지만, 20세기 한국 노동자들이 걸어온 궤적 전반에 대한 보다 구체적이고 포괄적인 지형 파악에 기반한 파업 경험의 역사화—현재화 작업은 앞으로의 과제로 남겨두고자 한다.

글을 쓰면서 두 저자 모두 파업과 관련해 이야기할 게 참 많다는 생각을 하게 됐다. 김덕련은 끊어지는 듯 끊어지는 듯 하다가 다시 활화산처럼 폭발하는 20세기 한국 노동운동사의 경이를 풀어 보려 애썼고, 장석준은 20세기 세계적인 파업 파동의 각 순간들마다 펼쳐진 '세계를 바꾸는 실천'의 다양하고 풍요로운 이야깃거리를 그 뼈대만이라도 전달하느라 정신을 차리지 못했다.

본문의 내용으로도 모자라 간략한 해설의 글까지 덧붙였지만, 역시 중요한 것은 독자들이 이 책을 읽고 나서 그것에 그치지 않고 여기 소개된 문헌들을 찾아 읽어나가는 것이다. 저자들은 이 점을 독자 여러분께 꼭 부탁드리고 싶다. 오직 그때에만 이 보잘것없는 글들도 의미를 잃지 않을 것이다.

올해 초, 연재를 끝마치자마자 4·13 총선이 있었다. '파업의 정치'를 이야기하는 동지들 중에는 파업 투쟁과 제도권 정치를 대립되는 것으로만 보는 분들도 있지만, 필자는 민주노동당 이갑용 후보가 출마한 울산 동구 선거의 영상 기록물 『1984, 우리는 합창한다』(영상창작집단 '결' 제작)를 보고서 오히려 골리앗의 기억과 96~97년의 경험을 다시 예감시키는 조용한 울림을 느꼈다. 지금 곳곳에서 노동자운동의 후퇴가 계속되고 있지만, 그 이면에서는 바로 그러한 후퇴 때문에 더 심각하고 더 강렬한 반란의 꿈이 자라나고 있는 게 아닐까? 저자들이 더 바라는 게 있다면, 저자들로 하여금 이 책에 또 하나의 장을 추가하는 수고를 마다하지 않게 만들 집단적 희망의 또다른 분출이다.

끝으로, 최초로 이 기획을 구상한 PICIS의 엄혜진 동지에게 감사한다. 흔쾌히 출판을 받아들인 <이후>의 벗들께도 감사한다. 또한 한때 세계노동운동의 최전위였으며 올해에도 우리에게 투쟁으로 그 존재를 알린 인쇄 노동자들의 노고에도 감사드린다.

2000년 11월 28일
저자들을 대표하여, 장석준

여행을 시작하며

1905년 러시아 혁명과 대중파업

독일의 겨울 날씨도 폴란드에 못지 않았다. 12월의 프리드리히 역은 사람들이 내뿜는 입김과 출발을 앞둔 기관차가 토하는 증기로 인해 마치 안개 속에 웅크리고 있는 것처럼 느껴졌다. 그 속에서 한 가족이 전선으로 떠나는 아들을 배웅하는 것마냥 상기된 얼굴로 키 작은 여인을 배웅하고 있었다. 남편 칼이 다소 어설픈 자세로 바라보는 가운데, 카우츠키 부인은 웃음을 머금은 얼굴에 어울리지 않게 불안한 눈빛으로 그녀의 손을 놓을 줄 몰랐다. 뭔가에 깊이 흥분한 듯 안절부절 못하던 여인은 출발을 재촉하는 기적 소리에 맞추어 손을 뿌리치며 마치 소녀같이 달뜬 목소리로 말했다. "자, 루이제, 이제는 일터로 갈 시간이에요."

그녀는 어디로 가는 길인가? 폴란드로, 그리고 핀란드를 거쳐, 다시 러시아로. 대체 그곳에 무슨 '일'이 그녀를 기다리고 있기에? 올해 1월부터, 아니 로자 자신의 생각에 따르면 1903년부터 시작하여 그때까지 최소한 12개월 이상 요동친 파업의 물결이….

뉴스거리에 목말라 하던 서유럽의 신문가에 놀라운 전보가 타전된 것은 그 해 1월 9일이었다. 한 명의 신부가 이끄는 20만의 노동자와 그 가족들이 막연한 자비를 꿈꾸면서 차르의 궁전을 향해 찬송가를 부르며 행진하다가 총알 세례를 받았다는 소식. 5백 명이 죽었다고도 하고 1백50명이라고도 했다. 수도 페체르스부르크에서는 곧 총파업이 벌어졌고, 파업의 물결은 거짓말같이 러시아 전역으로, 그 광대한 대륙의 곳곳으로 퍼져갔다.

처음에는 노동자들이 선도했고, 다음에는 도시의 중간계급들이 동참했다. 그리고 해빙기가 돼서는 반란의 기미를 보이지 않는 농촌이 없었다. 6월에는 포템킨 호의 수병들까지 반란을 일으키지 않았다는가! 독일 사회민주당의 그 누구도 신문의 보도 내용들을 단박에 믿을 수는 없었다. 중세 농민들의 사촌쯤으로 여겨지던 러시아의 민중들은 이제 서유럽 노동자들이 단 한 번도 펼쳐보인 적이 없는 정치적 장관을 연출하고 있었다.

그리고 그것이 벌써 1년이 다 되었다. 한때 소강 상태를 보이는 듯하던 대중들의 파업은 두 달 전인 10월에 다시 한번, 이제까지의 돌풍을 모두 합한 것보다 더 폭발적으로 타올랐다. 모스크바의 인쇄공들로부터 시작된 10월 총파업은 곧바로 모든 철도망의 마비를 불러왔고 급기야는 대학이나 관공서까지 일손을 놓았다. 차르의 대신들이 호수 너머 별궁에 내려간 차르를 만나기 위해 손수 노를 저어야 할 판이라는 기사 따위가 마치 지난 5월 러시아 함대가 일본 연해에서 대패했을 때처럼 적대국 러시아에 대한 통쾌한 복수라도 되는 양 독일 신문들을 장식했다. 결국 10월 17일 차르는 제헌의회의 소집을 약속하는 선언을 발표했다.

'하지만…,' 수레 짚더미에 숨어 떠난 지 17년 만에 마주하는 조국 폴란드의 황량한 겨울 들판이 눈에 들어오는 것도 의식하지 못하면서 로자는 최근의 소식들을 골똘히 되씹는 중이었다. 그런 그녀의 눈에, 앞에 앉은 정장 차림의 신사가 들고 있는 독일어 신문 기사가 들어왔다. "노동자 밀집지역 프레스니야에 유혈사태."

총파업 와중에 페체르스부르크의 파업 노동자들은 자신들의 대표를 뽑아 '노동자 대표 소비에트'라는 대의기관의 탄생을 선언했다. 차르의 성명서가 발표되기 사흘 전에 결성된 이 기구는 차르의 마지못한 양보에도 불구하고 "더 많은 자유!" "8시간 노동 쟁취!"를 외치며 두 달을 더 버텼다. 페체르스부르크 소비에트의 대의원들이 체포된 12월 3일로부터 닷새 뒤, 모스크바에도 결성된 동명의 기구는 재차 파업을 선언했고 15만 명이 이 파업에 합류했다. 파업 발발 이틀 만에, 차르 정부에 고용된 극우 깡패 집단들이 파업 대오를 공격하려 한다는 소문이 무성한 가운데, 노동자들은 권총과 갖가지 원시적인 무기들로 무장하기 시작했다. 결국, 입헌 개혁을 약속한 그 정부의 대답은 여자와 아이들을

1905년 페테르부르크 겨울 궁전 외곽에서 군중에게 발포하는 차르 군대

포함한 천여 명의 노동자 가족들의 학살이었다.

'처음부터도 그건 폭력에 대한 분노였지.' 로자는 동유럽의 전
선으로의 여행을 결심하기 일 주일 전 사회민주당 신문『전진』의
편집회의실에서 벌어졌던 논쟁을 떠올렸다.

"사실 이번 파업의 뿌리는 1902년 11월까지로 거슬러 올라야
해요." "그건 또 무슨 뚱딴지 같은 소리요," 11월에 전원 좌파로
교체되었다는 이 신문의 편집위원들 중 한 명인 하인리히 쿠노브
(이후 사회민주당 우파의 지도자가 됨)는 사회민주당 간부들 사이
에서 낯설지 않은 거만한 자세로 대꾸했다.

"이미 그때 로스토프에서는 지금과 똑같은 총파업 형태가 등장
했었어요. 노동자들은 독일 노조들과 다를 바 없는 경제적 요구를
내건 파업을 벌였는데, 이에 대해 경찰 당국은 파업 시위대를 유혈
진압하는 것으로 대응했죠. 그러자 폭력에 대한 분노는 이 단순한
경제파업을 삽시간에 지역의 모든 노동자들이 참여하는 정치적
총파업으로 발전시켰어요."

"그래요?"

"그리고, 이때부터 한 지역이 사그라들면 러시아의 다른 한 지
역에서 이 소식을 듣고 다시 이와 똑같은 파업 양상을 되풀이하고
한 것이 바로 1903년과 1904년의 상황이었던 거예요. 그리고 이러
한 양상은 이제 올해 들어 러시아 전역에 걸쳐 그 모습을 드러내고
있는 거죠. 이러한 사태 전개는 여기 독일의 우리에게도 시사하는
바가 많습니다."

"'붉은' 로자 양. 당신은 그럼 러시아의 저 반 半폭동 형태의 소위 파업이 우리가 따라 배워야 할 뭐라도 된단 말입니까? 그건 단지 노동자들의 조직화와 사회민주당의 합법화가 채 이뤄지지 못한 러시아의 특수한 상황에서 비롯된 것 아니겠습니까?"

여기서 그녀의 두 뺨은 그녀의 별명만큼이나 붉어지고 목소리는 높아졌다. "쿠노브 동지, 그럼 당신은 이 제국의 노조 거물들이 마치 자신들의 연설 속에서나 존재할 수 있는 것처럼 되뇌기만 하는 저 '준비된' 정치 총파업이 지금 우리 눈 앞에 펼쳐지고 있는 살아 있는 파업 물결보다 더 대단하기라도 하단 말씀인가요?"

쿠노브는 묵묵부답이었다. 하지만, 이 새로운 투쟁의 논리는 사실 그녀에게도 결코 분명한 것이 아니었다. 아까부터 조국의 풍경조차 가로막으며 로자의 머리 속을 떠나지 않던 의문들도 바로 이에 관한 것들이었다. 분명히 서유럽의 자칭 좌파 신사들이 이해하지 못하는 대중운동의 논리가 러시아 민중들에 의해 그 모습을 드러냈다. 그것은 이제까지 개별 노조의 협상용 수단으로나 여겨지던 파업이 파업과 파업들을 서로 잇는 전 노동대중의 파업 물결로 발전할 수 있다는 것이었다. 이 물결 속에서 민중들은 삽시간에 서유럽에서 30여 년이 걸려서야 이뤄졌던 수준의 정치적 의식을 획득하고 자신들의 조직을 만들어나갔다.

그뿐인가. 임금인상과 작업조건 향상, 노동시간 단축을 두고 벌어진 경제파업은 차르의 압제에 대항하여 더 많은 민주주의를 요구하는 정치파업으로 발전했다. 실제로 10월 총파업을 이끈 인쇄공들의 파업은 처음에는 독일에서 흔히 볼 수 있는 경제파업이었을 뿐이다. 그리고 일단 타오른 정치파업은 소강국면에는 다시 새로운 경제파업들로 이어졌다. 무엇이 경제파업이고 무엇이 정치파업인지 구분하기조차 힘든 상황이 계속됐다.

그 과정에서 독일 노조들이 항상 조직화 불능의 영역이라고 치부하던 주변적 노동자들, 이 미조직층들이 단숨에 노동운동의 최전선에 나섰다. 서유럽에서 흔히 하루 이틀에 끝나곤 하는 총파업 투쟁이 '전 민중적 파업'이라고나 해야 할 이러한 양상으로 발전하는 그 논리란 무엇인가? 제국의회에 의석 수는 늘리면서도 늘 어떤 함정에 갇혀 있는 것만 같았던 독일 노동운동에 이는 과연 어떤 교훈을 던져주는 것인가?

어느새 차창 밖에는 어둠이 내리깔리고 있었다. 눈 덮인 들판이 하얗게 빛났다. 앞의 신사는 어느새 입을 잔뜩 벌린 채 코를 골고 있었다. '그렇다. 나는 배우러 가는 중이다.' 들판을 따라 그녀의 눈동자도 빛을 발했다. 모스크바의 학살 소식에도 아랑곳없이, 러시아령인 조국 폴란드는 여전히 총파업 중이라는 소식이었다. '투쟁하는 자들의 눈빛 속에서…그들의 숨길 가운데서….'

기차는 잠조차 잊은 그녀의 번민에 무심한 채 전선을 향해 달려나갔다. 모두가 잘 아는 그녀의 나머지 이야기들은 이제 우리의 몫이 아니다. 다만, 우리는 바로 이 기차에 동승하여 그녀와 함께 여행할 것이다. 20세기 파업의 역사를 꿰뚫으면서 바로 그 대중운동의 논리를 발견하고자 하는 여행. 기차는 20년대의 영국, 30년대의 미국과 60년대 서유럽을 거쳐 지금 우리의 시대로까지 치달을 것이다. 자, 이제 함께 떠나보자.

* 무엇보다도 로자 룩셈부르크 자신의 고전 『대중파업론』(최규진 옮김, 풀무질, 1995)을 읽어보길 권한다. 최근 책갈피 출판사에서 다시 나온 파울 프뢸리히의 훌륭한 전기 『로자 룩셈부르크의 사상과 실천』(최민영 옮김, 석탑, 1984)도 도움이 된다. 특히 이 책의 7장을 보면, 로자의 대중파업론을 낳은 서유럽 사회민주주의 내부의 정치 총파업 논쟁에 대한 깔끔한 정리를 접할 수 있다.

한계를 드러낸, 20년대 합법운동의 최대한의 발현
1929년 원산 총파업

먼저 질문 한 가지. 20세기 한국의 파업 중 가장 오랫동안 지속된 것은? 아마도 많은 이들은 88년 겨울에서 89년 봄까지 1백28일 동안 지속되었던 현대중공업을 떠올릴 것이다. 그럼, 시기를 일제 식민기로 한정한다면?

네 달 동안 지속되면서 식민지 조선을 뒤흔들었던 1929년 원산 총파업. 그 기억을 다시금 떠올리는 것으로부터 20세기 한국의 파업, 그 궤적을 살피는 첫걸음을 내딛어보자. 원산이라 하면 당신은 무엇이 떠오르는가? 관광명소에 관심이 많은 이라면 지금은 가볼 수 없는 명사십리와 송도원 해수욕장의 절경을 상상 속에 그려보겠지만, 잠시 접어두고 1876년 강화도조약으로 개항된 항구 중 하나라는 것에서 시작해보자. 개항 이전 '대부분 황량한 갈대밭으로 잡초가 무성한 들판'이던 원산은, 러시아 세력을 견제하기 위한 전략적 요충지로서 눈여겨본 일본에 의해 대외예속적 경제구조를 지닌 상업도시로 변모한다. 또한 평양, 서울, 수원 등 전통적 시장을 지닌 지역에서와 달리 원산의 공업자본은 일본을 상대로 한 수출품 가공 및 수선 위주였기 때문에 일본 자본이 확대될수록 같이 성장할 수 있는 요소가 강하여 민족자본이라는 범주가 다른 곳에 비하여 훨씬 미약했다. 노동 역시 항구라는 특성을 반영하여 전근대적 노동조직과 취업의 불안정성으로 특징지워지는 부두노동자들이 중심을 이루게 된다.

노동조직의 전근대성, 정확히 말해서 온정주의적 노동관계는 원산 총파업을 이해하는 데 매우 중요한 요소이다. 원산노동연합회(원산노련)의 전신이었던 원산노동회의 결성(1921년)은 3·1운동 이후 점차 사회주의의 영향 아래 노동조직이 결성되던 당시의 전국적 분위기를 반영한 것이었지만, 그와 동시에 봉건적 유대관계를 기반으로 한 온정주의적인 관행에 물들어 있던 도중 都中을 기본단위로 한 것이었다. 특정 구역을 중심으로 노동공급권을 배타적으로 확보한 십장이 일자리를 제공하는 대신 임금의 일정한 몫을 착취하는 단위인 도중이라는 온정주의적 관계는, 노동단체의 대중적 기반을 넓히는 데 기여한 측면도 있지만 동시에 개량주의의 주요한 원천으로 작용했다. 사회주의의 보급과 노동대중의 의식적 자각을 통해 이러한 관계가 점차 약화되긴 했지만 완전히 불식되지는 않았다. 이렇게 설립된 원산노동회는 40여 개 도중의 연합체 형식이었으며 초기에는 객주(당시 고용주)조합에 강하게 예속되어 있었다. 그러던 중 1925년 1월 객주조합에 대한 파업을 승리로 이끌면서 '지휘감독을 받는다'는 조항을 철폐하고 11월에는 7개 노조의 연합체로 개편함과 동시에 명칭도 원산노련으로 바꾼다. 이후 부두노동자들뿐만 아니라 인쇄 등 다른 직종까지 포괄하여 명실상부한 직업별 노조의 지역연합체로 발전했지만 주력은 여전히 부두노동자들이었다. 원산노련은 이후 눈부신 성장을 한다. 25년 이후 20여 회의 파업을 승리로 이끌었고 파업기금 적립, 소비조합 및 자체의 노동병원을 운영할 정도로 막강한 역량을 갖추게 된다. 더욱이 29년 이전의 파업 중 가장 규모가 컸던 27년의 파업승리를 통해 원산의 부두노동에 한해 기존의 십장─객주라는 고용관계 대신 원산노련이 단체계약권을 획득한 것은 주목할 만한 성과였다. 29년 총파업 과정에서 일제 권력과 자본이 본질적으로 노린 것도 단체계약권의 박탈 및 그를 통한 원산노련의 무력화였다. 더욱이 당시 한반도 북부 지역에 중화학 군수공업을 이식하고 있던 일제로서는 대륙침략을 위한 안정적 병참기지를 확보하기 위해서라도 막강한 원산노련을 그대로 둘 생각이 없었다.

총파업의 발단은 1928년 말 문평제유라는 원산 인근의 한 회사에서 있었던 조선인 노동자 구타사건에서 비롯되었다. 일본인 중간관리자에 의한 구타로 문평제유노조가 파업에 돌입했고 상위기관이던 원산노련은 우여곡절 끝에 교섭을 성사시켰다. 이때 회사 측은 구타자 해고에는 동의했지만 단체 계약과 관련된 사항

1929년 원산 총파업 신문기사와 파업 장면

은 3개월 뒤로 논의를 미루었다. 하지만 결국 지키지 않았고, 자본금이 흥남비료의 10배를 넘을 정도로 거대기업이던 문평제유에 단체계약권을 관철시킬 기회로 파악한 원산노련은 1929년 1월 14일 파업을 선언하게 된다. 자본 측이 파업참가자들에 대한 무조건 해고 및 앞으로 원산노련 소속의 노동자들을 고용하지 않을 것임을 선포하고, 일제 당국이 군대까지 동원하여 공포분위기를 조성하면서 국면은 전면전으로 변했다.

초기 상황은 원산노련 쪽에 유리했다. 일제와 자본은 관제신문들을 통해 매일같이 이데올로기 공세를 하는 동시에 대체노동력을 투입하여 파업의 공백을 메워보고자 했지만 파업규찰대의 활약에 의해 원산은 물론 인근 지역에서도 대체노동력을 모집하는 데 실패했다. 국수회라는 파시스트 단체를 멀리 인천까지 파견하여 겨우겨우 수백 명을 모아왔지만 숫자 자체도 턱없이 부족했을 뿐더러 반강제로 끌어온 경우가 많았기 때문에 작업장에서 탈주하는 이들이 늘어나 별 효과를 거두지 못했다. 게다가 원산노련 측은 식량과 자금 모두에서 충분히 대비를 한 상태였고, 폭동을 자제하면서 규율을 유지했기 때문에 전국적인 여론도 불리하지 않았다. 덕분에 각지에서 지원 기금과 격려 전보가 쇄도하고, 현지의 일본인 노동자들조차 원산노련에 동의하면서 파업을 전개하는가 하면 아직 원산노련에 가입하지 않은 상태였던 노동자들이 파업 기간 중 자유노조를 결성하여 원산노련에 가입하기까지 했다.

하지만 4월까지 지속되었던 파업은 결국 패배했다. 물론 원산노련의 활동이 절정에 달하여 승리가 가까워졌던 1월 말부터 일제가 보다 노골적으로 개입(소비조합 수색, 규찰대 검속, 집행위원장 김경식 검거 등)했고 2월부터 자본이 조직한 함남노동회라는 어용단체에 일부 노동자들이 넘어가면서 대오가 흐트러진 점 등이 중요한 계기로 작용했지만 문제는 그보다 더 본질적인 것이었다. 가장 기본적인 문제는 치밀한 계획을 세워 원산노련 자체를 소멸시키기 위한 목적을 일관성 있게 밀고 나간 일제와 자본과는 달리, 원산노련의 지도부들은 교섭과 협상을 통해 적절히 타협할 수 있다고 상황을 오판한 데서 비롯되었다. 이 점은 김경식 검거 이후 지도부를 구성하긴 했지만 굴욕적인 양보와 타협안을 제시하고 노자협조주의적으로 강령을 개정하는 등 수세적인 자세로 일관했던 김태영 지도부에게만 국한되지 않는다. 요즘도 '원산노련의 뛰어난 운동가'로 기억되곤 하는 김경식 지도부[1] 역시 김태영 지도부에 비해 노동대중과 보다 밀접한 관계를 맺고 있긴 했지만 타협주의로 일관하면서 전체 노동대중의 역량을 최대한 끌어내지 못한 점에서는 마찬가지였다. 물론 노동자를 위한 상호공제적 제도들을 만들어내면서 노동대중의 광범위한 동의를 끌어낸 부분은 인정해야겠지만, 전면전이라는 악재를 뚫고 나가기 위한 적극적인 전략을 내지 못했던 점도 동시에 기억될 필요가 있다. 또한 여기에는 김경식 개인에게 모든 책임을 돌려버릴 수만은

---

[1] 예컨대, 20세기 한국 노동운동의 궤적을 작가다운 유려한 필체로 정리한 최근의 한 저작에서도 이러한 평가를 어렵지 않게 발견할 수 있다. 방현석, 『아름다운 저항』, 일하는 사람들의 작은책, 1999.

없는 뿌리깊은 문제가 있었으니, 앞에서 지적했던 온정주의적 전통이 바로 그것이다. 온정주의적 속성을 지닌 개량주의적 요소는 사회주의자들이 활발하게 개입했던 26~28년경에는 적어도 외적으로 크게 드러나지는 않았지만 여전히 저류에서 원산노련의 기반을 이루고 있었다. 예를 들면 조합주의를 넘어서는 활동과 분위기가 고조되어 있던 28년에도, 다른 한편에서는 기존의 조합원 총회를 폐지하고 대의원회를 최고기관으로 하며 그 대의원회를 집행위원장이 주도할 수 있도록 한다는 결정이 내려져 기층노동자의 자발성과 직접참여를 제한했고, 소속 노동자의 임금을 모두 모아 평등하게 분배하던 임금평균분배제도에도 공목 空木(거저 얻는 돈이란 뜻으로서 조합기금과는 별개로 노련 및 도중에게도 1인분의 임금을 분배하는 것)이 기존의 온정주의적 관행 및 의식과 결부되면서 조직 내의 개량주의와 관료주의적 요소를 강화하고 이것은 역으로 민주적 운영을 가로막는 부정적인 역할을 한 것에서도 이러한 측면이 잘 드러난다. 특히 총파업 직전 조선공산당 사건으로 원산노련의 사회주의자들이 대거 검거됨으로써, 온정주의 전통에 기반해 있던 김경식 지도부를 견제할 만한 세력이 약화되면서 개량주의적 전술이 파업 기간에 더욱 강화된다. 물론 파업 기간 중에도 선진노동자들로 이루어진 일부 규찰대들은 자본가들과의 협상이나 일제의 조정을 기대하던 지도부들과는 달리 기층에서 투쟁적 자세를 견지하면서 오랜 기간을 견딜 수 있는 원동력을 제공했지만 지도부의 영향력이 절대적인 상황에서 한계를 지닐 수밖에 없었다. 만약 이것이 지도부의 적극적인 전략과 결합될 수 있었다면, 상황은 달라졌으리라.

원산 총파업은 합법공간 위주로 활동했던 20년대 노동운동의 상황이 최대한 발현된 것이자 그 한계를 여실히 보여준 사건이었다. 그 직후 본격화되는 노동운동의 방향전환 논쟁도 20년대 노동운동에 대한 이러한 평가를 기본적으로 전제한 상태에서 이루어진 것이었다. 이후의 방향전환론에서 공통적으로 제기된 것들은 비합법 영역에 대한 관심, 조합주의를 넘어서기 위한 정치투쟁의 중요성, 산별노조건설론으로서 이것들은 30년대의 당재건운동론과 연동되어 등장한다. 그리고 이후 민족해방운동론에서 민족부르주아지 대신 노동대중이 부각된 것도 원산 총파업 과정에서 드러난 조선인 중소자본의 행태, 즉 일본인 대자본과 이해관계가 상충되는 시기에는 부분적으로 이탈하기도 하지만 자본진영의 승리가 확실시되는 국면에서는 대자본과의 동맹관계를 분명히 하는 기회주의적 양태에 대한 비판적 평가에 기반한 것이기도 했다.

그렇다면, 패배 이후 원산의 노동자들은 어떻게 되었을까? 한 축에서는 온정주의적 지도부가 배제되면서 사회주의자들을 중심으로 한 노련의 재건 시도가 지속적으로 있었고, 다른 한 축에서는 부득이 어용단체인 함남노동회에 가입한 노동자들의 노조민주화 시도가 있었다. 하지만 전반적으로 보았을 때 20년대의 경험을 통해 얻은 투쟁의 전통이 기층에 잠재해 있긴 했지만, 원자화된 노동자 상호간의 경쟁과 갈등, 무기력과 비관주의가 노동계급의 일상으로서 한동안 지속되었고, 대공황의 타개책으로 자본이 강요한 산업합리화 정책에 따라 노동계급 내에서도 노령자, 부상자, 실업자 등이 완전히 도태된다. 패배의 후유증으로 인해 온정주의의 마지막 영역조차 지켜내지 못하는 상황, 바로 그것이었다.

동풍 東風에 대한 서유럽의 화답

이탈리아의 '붉은 두 해'

노동자들이 자신들의 경제적 조건을 향상시키기 위해 파업 활동을 통해 투쟁하는 동안, 투쟁 속에서 이들의 역할은 먼 곳에 떨어져 있는 지도자들을 신뢰하고 바로 이러한 일반적인 신뢰감에 기반해서 연대와 저항의 미덕을 발전시키는 것뿐이었다. 그러나, 투쟁의 와중에 노동자들이 생산을 지속시키려는 의도로 공장을 점거할 때, 대중의 도덕적 입장은 즉각 새로운 면모와 새로운 가치를 띠게 된다. 노동조합 지도자는 더 이상 지도적 위치에 있지 못하다. 그들은 이 거대한 무대로부터 사라지고, 대중이 스스로 바로 자신들의 자원과 사람들을 갖고 문제를 해결해야만 한다 —— 그람시, 「붉은 일요일」, 『오르디네 누오보』(1920년 9월 5일).

역사의 바람은 다시 한번 동방으로부터 불어왔다. 1905년 혁명을 뒤늦게 완성하기라도 하려는 듯 1917년 2월에 시작된 러시아 혁명의 바람은 전쟁의 참화로 고통받는 서유럽을 강타했다.

이 바람을 가장 적극적으로 환영한 나라는 이탈리아였다. 세계 대전 중반쯤에야 연합국의 일원으로 참가한 이탈리아에서는 전쟁이 지극히 모순된 현실을 초래했다. 한편에서는 노동자, 농민의 자식들이 전선에 끌려가 개죽음을 당하는데, 그 가족들은 생필품 부족과 물가고에 허덕였다. 다른 한편, 자본가들은 군수물자 생산으로 유례없는 호황을 맞이했다.

이런 상황에서 러시아 소식은 기름 가마에 던져진 횃불이었다. 1917년 8월 빵 배급이 중단되는 사태가 빚어지자 자동차산업이 발달해 있던 북부 토리노 시(말하자면 '이탈리아의 울산')에서는 당장 '러시아식' 투쟁이 시작됐다. 바리케이드에서 군대와 노동자 사이의 교전이 벌어졌고 50명의 노동자가 희생됐다. 이 사건은 이후 3~4년 동안 지속된 투쟁 물결의 전조에 불과했다. 로자 룩셈부르크가 1905년 연간의 러시아를 관찰하면서 지적했던 수년간의 파업 물결이 서유럽 국가인 이탈리아에서도 나타나기 시작한 것이다. 이탈리아 사회당(PSI)의 어조는 갈수록 급진화되어갔고, 민중들도 지배자들도 혁명적 변화가 불가피한 것으로 여기고 있었다.

우리는 여기서 투쟁의 끝없는 진앙지 역할을 한 이 도시, 토리노를 주목해야 한다. 이곳에는 이탈리아 전국을 선도한 금속 노동자들의 지성과 열정이 있었다. 그리고 이러한 노동자들의 힘을 실물화시켜내는 데 혼신의 힘을 다한 몇 명의 놀라운 젊은이들이 또한 있었다. PSI의 젊은 당원인 안토니오 그람시, 팔미로 톨리아티, 안젤로 타스카, 움베르토 테라치니, 이들은 1919년 메이데이에 맞춰『오르디네 누오보 *Ordine Nuovo*』('새 질서'라는 뜻)라는 잡지를 창간하여 대중투쟁의 지적인 무기를 개발하고 널리 선전하는 데 몰두했다. 이들은 대중파업의 도도한 밀물조차 그 투쟁의 와중에서 기존 질서를 대신할 민중들 자신의 대안적 질서의 핵을 만들어내지 못한다면 결국 패배 혹은 수세적 타협으로 끝나버릴 것이란 점을 누구보다도 분명히 인식하고 있었다. 러시아에서는 1905년에 처음 등장하고 1917년에는 결국 새로운 권력의 기반이 된 노동자·농민·병사 소비에트가 그것이었다. 이탈리아에서 이는 과연 무엇일까?

이들이 주목한 것은 전시에 이탈리아 각 공장들에 등장한 '내부위원회'라는 것이었다. 1919년 2월에 자동차산업 단체협상을 통해 공식적으로 인정받은 내부위원회는 노동조합 활동가들이 위원회의 중심이 되면서도 비조합원을 포함한 모든 노동자들의 이해를 대변하는 새로운 조직체였다. 그 해 6월『오르디네 누오보』에 발표된 논설「노동자 민주주의」에서 그람시는 이 내부위원회가 자본가들 없이 노동자들이 직접 생산을 통제할 기관인 '작업장 평의회'로 발전해야 하며 또 그럴 가능성이 충분하다고 주장했다. 여기에 화답이라도 하듯 2개월 뒤 토리노 자동차산업의 중심인 피아트 공장에서는 내부위원회가 자발적으로 해산한 뒤 보다 대

대중파업에 주목하여 '공장평의회'를 이론화시킨 그람시

규모의 대의원들로 구성된 '공장평의회'를 결성했다. 10월 말까지는 5만 명이 넘는 노동자들이 공장평의회로 조직되었고, 연말에 이르러 그 숫자는 15만 명으로까지 늘어났다.

이러한 발전의 분수령은 사실 그 해 6월 20일, 21일 이틀간에 걸쳐 이뤄진 총파업이었다. PSI는 러시아, 헝가리 혁명 정부에 대한 연합군의 불법적 침공을 규탄하자는 의도에서 국제연대 총파업을 제안했고, 이는 성공적으로 수행되었다. 당시 러시아혁명에 대해 열렬한 지지를 보낸 제2인터내셔널 출신 정당은 PSI 하나뿐이었고, 실제로 이 당은 의원단의 상당수가 개량주의자들이었음에도 불구하고 혁명적인 제3인터내셔널에 가입했다. 그러나 대중들은 총파업의 성공을 계기로 보다 높은 수준의 투쟁의 시작을 기대했음에도 불구하고, PSI 지도부에게 총파업은 단지 당의 혁명수사를 치장해주는 일과성 행사에 불과했다. 당은 11월로 예정된 선거 준비와 당내 파벌간의 논쟁에 몰두할 뿐이었다.

이런 상황에서 토리노의 노동자들과 젊은 당 활동가들만이 끊임없이 미래로의 문을 두드렸던 것이다. 1919년 12월 3일에 최초로 토리노 시 전체 차원의 공동행동을 시험한 공장평의회 운동은 다음 해 3월 자본가들의 대대적인 반격에 직면했다. 자본가들은 느닷없이 섬머타임제의 실시를 일방적으로 선포한 뒤, 이에 반대하는 내부위원들을 모두 해고시켜버렸다. 이에 대해 토리노의 노동자들은 최초로 공장점거 전술을 사용하는 것으로 대항했다.

이때의 점거는 자본가들의 신속한 공장폐쇄로 곧 소강상태에 빠졌지만, 그람시 등의『오르디네 누오보』그룹은 바로 이때가 이탈리아 전역에서 공장평의회를 만들어 전국적인 공장점거 투쟁을 벌일 시기라고 주장했다. 하지만 이탈리아 노동총동맹(CGL)은 4월 13일 형식적인 총파업을 선언하는 것으로 그만이었다. 전국적인 공동 강령과 행동을 만들어내려는 어떠한 시도도 없이 이뤄진 이 총파업 결정은 단지 전국적인 소강국면만을 만들어주었을 뿐이다. 6월에 막 정권을 잡은 지올리티의 자유주의 정부는 이 기간 동안 혁명의 가마솥을 노자타협이라는 식은 죽 단지로 만들 공작을 준비하기 시작했다.

아니나 다를까 여름 내내 진행된 지루한 임금협상 과정에서 자본가와 정부는 의도적인 시간 끌기로 일관했다. 참다 못한 50만의 토리노 노동자들은 1920년 8월 31일, 공장점거의 재개로 답했다. 이제 공장평의회는 아예 공장 경영진의 사무실을 장악하고 사장 없이 생산을 재개했다. 공장평의회가 자본가 없는 세상의 견인차가 되어야 한다는 『오르디네 누오보』 그룹의 생각에 직접적으로 영향받은 이 시도는, 비록 평소 생산량의 절반 정도이긴 했지만, 피아트 공장에서 매일 37대의 자동차가 생산되는 것으로 그 모습을 드러냈다. 이탈리아 자본가들의 황제인 아넬리 회장 없이, 이사들과 관리자들 없이, 공장 경찰들 없이 말이다!

하지만 토리노뿐이었다. 다른 지역에서도 공장평의회와 점거 투쟁의 시도가 있었고, 금속부문 이외의 노동조합에서도 동참의 움직임을 보이긴 했다. 하지만 CGL은 대중투쟁의 계속보다는 지올리티의 새로운 협상 제안에 더 솔깃했다. PSI의 주류인 좌파는 공장점거를 전국적인 대중투쟁의 출발로 삼자고 CGL에 제안하긴 했지만, 이는 토리노의 젊은 좌파 투사들과는 달리 아무런 구체적인 전술도 준비돼 있지 않은 책임회피성 제안에 불과했다. CGL은 결국 지올리티 정부의 타협안을 받아들였고, PSI는 10월 31일~11월 7일에 있을 지방선거 준비에 다시 골몰했다. 노동자들이 얻은 것은 그들이 경험한 실질적인 자주관리 대신 '경영참가'라는 새로운 수사뿐이었다.

하지만 더 나쁜 것은 일단 공장평의회를 주축으로 한 공장점거라는 대중투쟁의 물결이 어정쩡한 타협으로 끝나자 자본가들과 온갖 반동세력이 본격적인 반격을 시작했다는 것이다. 물론 '붉은 2년' 동안 PSI는 획기적인 성장을 했다. 득표수는 2백만으로 늘어났고, 전체 5백8개 의석에서 1백56석을 차지했으며, 당원 수는 2만 명에서 18만 명으로 증대했다. CGL도 마찬가지여서 조합원이 25만에서 2백만으로 늘어나는 성장을 맛보았다. 하지만 변화에 대한 노동대중의 열정을 조직할 아무런 프로그램도 가지지 못한 채 이뤄진 이런 양적인 성장은 허약한 것이었다. 1920년 11월 21일 PSI가 밀라노와 볼로냐라는 이탈리아 최대 도시들에서 시 정부를 장악한 것을 기념하며 개최한 집회에서 울려퍼진 파시스트들의 수류탄 굉음은 전혀 새로운 시대의 시작을 의미하는 것이었다. 노동대중들의 투쟁의 물결이 일단 타협으로 끝난 뒤 도래한 것은 바로 그 노동대중의 학살을 불러온 반동의 물결이었던 것이다.

누구보다도 이 2년간의 기억을 쉴 없이 되씹은 것은 바로 그람시였다. 결정적인 문제는 토리노 노동자들의 선도에 따라 불 붙었어야 했을 전국적인 화답의 부재였다. 아무리 생각해도 가능성은 충분했다. 남부의 농민들은 토지문제로 신음하고 있었고, 실제로 일부 지역에서는 토지점거가 시도되기도 했다. 재향군인들조차 처음에는 파시스트가 아니라 좌파에게 기대를 걸고 있었다.

하지만 PSI와 CGL은 이런 가능성을 살려내지 못했다. PSI에게는 남부 농민들에 뿌리내린 조직도, 그들을 동원할 강령도 없었다. '대중들의 약동을 실질적인 전국적인 힘으로 조직할 정당, 이탈리아 사회의 구체적인 얼개를 이해하고 힘있는 강령을 제시할 그런 정당…그것이 없었다.' 벌써 모든 것이 먼 옛날의 일처럼만 느껴지게 된 1921년의 한 겨울 리보르노의 사회당 전당대회—이 당대회에서 그람시를 비롯한 젊은 좌파는 사회당에서 떨어져나와 공산당을 결성한다—를 향해 떠나면서 그람시에게는 이러한 상념들이 가득하지 않았을까? 우린 그 상념을 따라 다시 새로운 기착지를 향해 떠나야 한다.

* 그람시 전기의 결정판이라 할 수 있는 쥬세페 피오리의 『그람시』(신지평 옮김, 두레, 1991) 13장과 14장에 이 당시 상황이 정리돼 있다. 페리 앤더슨 외, 『안토니오 그람시의 단층들』(김현우 외 편역, 갈무리, 1995)에 실려 있는 존 카메트의 글, 「그람시와 이탈리아 소비에트」는 이탈리아의 '붉은 두 해'에 대하여 우리말로 접할 수 있는 가장 상세한 문헌이다. 이 당시 그람시의 사상은 갈무리출판사에서 발간 예정인 『그람시의 옥중수고 이전 저작』(가제)에서 발견할 수 있다.

원산 총파업에 버금가는 제2의 대파업
1930년 평양 고무노동자 총파업

일상생활에서 전통에서 근대로의 이행을 단적으로 보여주는 것은 무엇일까? 한복에서 양복으로의 변화 등 여러 가지가 있겠지만 짚신에서 구두로의 변화도 빼놓을 수 없는 요소이다. 하지만 신발의 경우엔 고무신이라는 친근한 요소를 그 사이에 끼워넣어야 한다. 이번에 살펴볼 것도 바로 그 고무신과 관련된 것이다.

짚신을 제치고 고무신이 대중적으로 보급된 것은 1920년대 들어서였다. 대중적 보급에 따른 수요의 급증을 통해 비약적으로 발전한 고무공업은 일제 시기 동안 조선의 중소공업에서 가장 중요한 위치를 차지했고, 그 고무공업에서 압도적인 비중을 차지한 것이 바로 고무신 제조였다. 전체 공업에서 차지하는 비중에 걸맞게 노동자들의 투쟁 역시 활발하여 파업 횟수 또한 전체 부문에서 수위를 다툴 정도로 많았다. 그 중에서도 가장 대표적인 것이 '원산 총파업에 버금가는 제2의 대파업'으로 불리는 1930년 8월의 평양 고무노동자 총파업이었다.

뜨거웠던 30년 여름의 투쟁을 온전한 모습 그대로 바라보기 위해 우선 평양이라는 지역적 특성과 고무공업이라는 업종의 특성을 살펴볼 필요가 있다. 서울, 부산과 함께 고무공업의 중심지였던 평양은 당시 한반도에서 기독교와 민족주의 세력이 가장 강력한 곳이었으며 그 기반이 된 조선인 자본에 의한 공업이 어느 곳보다도 발달한 지역이었다. 조선인 자본은 비교적 적은 자본으로 시작할 수 있는 부문에 주로 진출한 중소자본으로서, 이른바 '민족자본의 산실'로 불렸던 것에서도 알 수 있듯이 평양에서는 조선인 자본이 일본인 자본을 압도하고 있었으며 그 대표적인 업종이 양말과 함께 고무공업이었다. 이처럼 조선인 자본 중심이었다는 것이 일본인 대자본 위주로 고무공업이 발달했던 부산과 다른 점이었고, 고무공장 수가 서울에 비해 적긴 했지만 공장지대가 밀집해 있었다는 점에서 서울과도 달랐다. 전자는 20년대 초의 물산장려운동이나 실력양성론 등과 결합되면서 (항구도시의 부두노동자들 사이에서 도중이라는 독특한 노동조직으로부터 기원한 것과는 다른 이유에서) 온정주의적 분위기를 만들어냈고, 후자의 밀집성은 서울에 비해 노동운동이 더 활발할 수 있었던 요인으로 작용했다.

이제 이 시기 고무공업의 특징을 살펴보자.

가장 먼저 들 수 있는 것은 '계절적 휴업'이 일상적으로 행해졌다는 것이다. 주요 생산 품목이었던 고무신에 대한 수요가 계절에 따라 들쑥날쑥했기 때문에(예를 들면 1~3월은 수요가 거의 없고 추석을 앞둔 시기가 가장 바쁜 시기였다) 공장은 대개 주문이 있을 경우에만 가동하는 경우가 많았다. 그래서 고무공장이 1년 내내 작업하는 경우는 매우 드물었고 계절에 따라 노동시간이 다르거나 조업단축으로 직공 수를 줄이는 등의 변화가 심했다. 이로 인한 고용의 불안정성은 노동의 교섭력을 약화시키고 노동자의 생활상태를 더 열악하게 만든 핵심적인 요인이었다.

두 번째로 들 수 있는 것은 다른 업종에 비해 여성노동과 아동노동의 비율이 높았다는 점이다. 고무공업 자체가 비교적 중소 규모의 설비에 의한 노동집약적 산업이었기 때문에 소수의 남성 숙련공을 제외하면 대개의 직공은 값싼 임금으로 고용할 수 있는 여성으로 충원하는 경우가 일반적이었다. 특히 대공황을 거치는 동안 이 부문에서 생산과잉 및 판로경쟁이 격화되면서 값싼 여성 노동력은 더욱 선호되었다. 30년대 중반을 지나면 상황은 약간 달라지는데, 새로운 기계의 도입을 통해 작업이 세분화·단순화됨과 동시에 노동운동을 제압하기 위한 목적으로 (성인)여성노동을 아동노동(물론 이 중에는 여아들도 상당 부분 포함되어 있다)으로 대체하는 경우가 많아진다. 어쨌든 여성 노동자 비율이 높다는 점을 반영하여, 이 시기 고무공업에서의 파업 중 대부분은 여성 노동자들이 주도한 경우가 많았다. 특기할 만한 건 이 시기 고무공

업에 종사하는 여공의 대부분은 '어린아이를 가진 기혼 여성 노동
자'들이었다는 것인데, 이 점은 70년대 남한의 민주노조운동을 주
도한 층이 미혼 여성 노동자들이었다는 사실과 흥미로운 대조를
이룬다.

이 두 번째 특징은 특히 평양 고무노동자 총파업과 관련시켜
생각해 볼 때 더욱 주목할 필요가 있다. 그 이유는, 앞에서도 언급
했듯이, 다른 지역(특히 부산)과 달리 평양의 고무공업을 주도한
것이 조선인 자본이었다는 사실과 관련되어 있다. 전국적으로 보
았을 때 원료구입이나 자본조달에서 일본인 대자본에 비해 불리
한 조건에 놓여있던 조선인 자본가들은 임금 삭감으로 이 불리함
을 극복하려 했기 때문에 평양은 전국에서 여성노동과 아동노동
의 비율이 가장 높은 지역이었으며, 여성 노동자들 비율이 높은
고무공업에서 임금 삭감 시도는 다른 부분보다 더 지속적이었다.
특히 조선인 자본이 강력했던 평양에서는 자본가들의 결속력도
상대적으로 강한 편이어서 노동에 대한 압박 또한 심했다.

하지만 평양의 노동자들 역시 만만치 않았다. 23년 양말노동자
들의 총파업을 시발점으로 하여 온정주의를 극복하면서 성장한
평양의 노동운동은, 서울에 비해 상급 단체(노동연맹) 및 사회운
동 단체가 개별 파업에 보다 적극적으로 개입·지원한 것과 맞물
려 25년에 정점에 이르면서 자본가들을 곤혹스럽게 만들었다. 그
후 26~28년 사이에는 노동연맹이 둘로 나뉘어지는 등 심각한
분열을 겪으면서 노동운동 또한 일시적으로 침체하지만 29년 이
후 다시 활력을 되찾으면서(중요한 계기 중 하나가 원산 총파업이

었다) 30년에 또 한번의 정점에 도달하고 있었다. 고무노동자 총파업은 이러한 상황에서 발생했다.

8월 총파업의 전초전은 그 해 5월 일본인이 경영하는 고무공장에서 시작되었다. 임금인하 및 불량품에 대한 벌금제도에 반대하면서 일어난 여공들의 파업은, 그러나 이 시기가 고무공업의 한산기로서 휴업을 하더라도 별로 손해볼 것이 없던 자본가가 버티는 바람에 결국 실패하고 말았다. 그리고 7월 하순에 발생한 다른 조선인 공장에서의 쟁의가 아직 결말이 나지 않고 있던 차에, 조선 전체의 고무공업 자본가들의 결의에 의하여 평양의 자본가들이 공동으로 임금 삭감을 통보하자 평양의 고무노동자들은 이에 맞서 총파업을 선언했다. 8월 6일 자본가들이 모여 평균 1할의 임금 삭감과 복귀하지 않는 노동자들에 대한 해고를 결의하면서 대오를 흩뜨리고자 했지만 7일부터 총파업(초기에 태업으로 동조했던 일부 공장에서도 파업선전단의 활약에 의해 9일까지는 모두 파업에 합류한다)에 들어간 노동자들의 기세는 꺾일 줄 몰랐다. 10일 열린 직공대회를 통해 강령과 요구사항을 결의한 직후 그간 관망하던 숙련공들마저 동정파업에 들어가면서 총파업은 절정으로 치달았으며, 대목인 추석을 앞두고 주문이 밀려들어오는 시기적 특성과 결합되면서 자본가들을 더욱 강하게 압박했다. 숙련공들마저 파업에 돌입함으로써 (비숙련공인) 직공을 새로 모집해 조업을 개시하려던 자본가들의 계획은 수포로 돌아감에 따라, 임시로 모아온 직공들을 각 공장에 균등하게 배분하면서 버티던 자본가들은 결국 요구조건의 일부를 수용하는 조정안을 내놓았다. 파업

단 역시 17일 임시직공대회를 열어 전권위원을 선출하여 교섭에 응하였다.

그런데 이때 (어느 정도는 예견된) 돌발사태가 발생했다. 일제 경찰이 끼어들어 스스로 조정에 나서서, 자본가들의 타협안보다 훨씬 불리한 조건을 강요했고 전권위원들은 강압에 못이겨 결국 굴복하고 말았다. 원산의 경우와 마찬가지로 이 경우에도 또다시 지도부의 타협이 문제가 된 것이다. 하지만 노동자들은 20일 다시 직공대회를 열어 전권위원들에 대한 불신임안을 가결하고 경찰의 조정안도 부인하였으나 경찰은 모든 집회를 금지시킴과 동시에 조정안을 계속 강요했고, 때마침 숙련공들이 점차 복귀하는 것에 고무된 자본가들은 23일부터 조업을 재개할 것을 결의했다. 분노한 노동자들은 23일부터 작업을 개시한 공장을 습격하고, 전화선 절단·기계파손 등을 감행하면서 거리로의 폭력적 진출을 시도했지만 전권위원들의 굴복 이후 작업에 복귀하는 노동자들이 하나둘 늘어나면서 결국 파업은 패배하고 말았다. 양말업을 비롯한 다른 직종의 노동자들과 사회운동단체들의 지원, 그리고 전국 각지에서 답지한 격려에도 불구하고.

이들 고무노동자들의 투쟁은 그 정점이었던 30년 이후에도, 임금 삭감과 노동조건 악화를 지속적으로 시도한 자본가들의 도발에 맞서 거의 매년 터져나왔지만 대부분 성공적인 결말을 맺지는 못했다. 여기에는 30년 이후 자본가들의 결속이 더 강화되었고 대공황의 영향으로 실업자가 급증하면서 숙련직공 모집이 더 용이했다는 점 등도 영향을 미쳤지만 결코 빼놓을 수 없는 요인은

30년 파업 패배의 후과이다. 총파업 당시 전권위원의 굴복과 그에 대한 불신임을 계기로 직공조합의 영향력이 급속히 약화되면서 이후의 투쟁은 조직이 없는 개별분산적 형태를 띠게 되었던 것(예를 들면 교섭위원을 뽑는 것조차 거부감을 갖는 경우가 많이 생겨났다)에서 이 점은 잘 드러난다.

　패배하긴 했지만, 고무노동자들의 지속적 투쟁은 다시금 기억될 필요가 있다. 평양을 뒤흔든 파업의 주인공이어서만은 아니다. 패배한 파업에 대한 동정 때문도 물론 아니다. 거기에는 화학약품 냄새에 찌들고 착취에 시달리면서도(특히 대다수를 이룬 여성 노동자들의 경우 봉건 잔재와 가부장제에 의한 고난이 더해졌으면서도) 새로운 세상을 꿈꾸면서 삶을 변화시키고자 했던 이들의 열망이 녹아들어가 있기 때문이다. "가난한 양말직공, '기계파괴 직물공'… 기만당한 추종자들까지도 후대의 막무가내의 폄하로부터 구하고자 한다"[1]던 톰슨의 말을 굳이 떠올리지 않더라도, 우리는 이들을 다시 우리의 기억 속으로 담아내야 한다.

1) 에드워드 파머 톰슨, 『영국 노동계급의 형성』 서문, 『읽을꺼리』 4호 (http://copyle.jinbo.net).

세계를 하품 짓게 한 9일
1926년 영국 총파업

파업 중지 명령이 떨어지고 나서 우리 노조 지부위원회와 활동가들은, 나 역시 그랬던 것처럼, 다들 좌파의 비판에 공감하게 됐다. 내게는 심각한 자문의 시간이 뒤따랐다. 나는 무엇을 알고 있었던가? 나는 무엇을 믿어야만 하는가? 나는 우리 지부의 좌파들에 반대해왔지만, 결국 그들이 노동자와 노조 지도자들에 대해 나보다 더 잘 이해하고 있음이 드러났다. 나는 어찌해서 7일간 우리를 흥분시키다가 이틀 만에 우리가 투쟁을 굳건히 지키고 있음을 뻔히 알면서도 항복문서에 서명한 베빈 같은 인간을 그렇게 존경하고 철썩같이 신뢰했던 것일까? 그때 이후 나는 내가 어쨌든 참여하게 된 정치 세계에 대해 그 동안 모르고 있었던 바를 벌충하기 위해 공부하고 또 공부했다. 그 2년간 나는 지부 회의에서나 노조 신문에서나 항상 우리의 투쟁이 대답해주지 못 했던 것에 대해 문제를 제기했다 —— 총파업에 참여했던 노동자 David Wilson의 회고, *New Left Review*(영국의 좌파 이론지), no. 97, 1976에서.

5월 초의 영국은 아직도 봄의 활기보다는 음산함이 느껴졌다. 5월 11일, 총파업은 이미 7일째에 접어들고 있었다. 런던 시가는 정부에 의해 동원된 대학생들이 모는 버스들만이 불안한 몸짓으로 간간이 모습을 드러낼 뿐 을씨년스럽기만 했다. 시민들이 받아 볼 수 있었던 단 두 개의 신문 중 정부 발행인『브리티쉬 가제트 *British Gazette*』—내각 내의 보수파인 윈스턴 처칠이 직접 발간을 지휘하고 있었다—는 내란의 위험을 외쳐대고 있었고, 그에 반해 노동조합회의(TUC)의 신문인『브리티쉬 워커 *British Worker*』의 어조는 오히려 천하태평인 것처럼 느껴졌다. '도대체 이번 투쟁의 주인공은 누구인가?' 많은 시민들은 고개를 갸우뚱거렸다. 물론 뉴캐슬 같은 주요 산업도시들에서는 파업 노동자들의 시위 행렬이 경찰과 충돌했다는 소식도 들려왔다. 그러나 플리머스에서는 노동자와 경찰 사이에 축구 시합이 벌어졌다는 것이었다…. 이것이 바로 세계 역사상 초유의 '조직된 장기 총파업'이라는 1926년 영국 총파업의 풍경이었다.

제1차 세계대전 직후 영국에서도 이탈리아에서처럼 장기간의 대중투쟁 물결이 시작되었다. 전쟁 중의 직장위원 shop stewards

운동은 그러한 폭발의 전조였는데, 이는 노조 상층 관료가 아닌 노동현장의 노조 직장위원들이 쟁의와 협상을 주도함으로써 작업장에 대한 노동자들의 통제력을 높이려는 운동이었다. 이 운동 자체는 1919년 스코틀랜드 클라이드사이드의 전투적 조선산업 노동자들이 '주 40시간 노동'을 주장하며 벌인 파업이 군대와 탱크의 동원으로 패배를 맛보면서 한 풀 꺾이게 되었지만, 그 여파는 전 산업으로 번져갔다.

심지어 1918~19년에는 경찰관들조차 연이어 파업을 벌일 정도였으며, 1920년에 이르러서는 쟁의가 정치적 쟁점으로도 확산되는 양상을 보였다. 가령 런던부두노동조합은 혁명 러시아와 전투를 벌이고 있던 폴란드의 반동적 정부를 원조하기 위한 정부의 군수품 선적 요구를 정면으로 거부하는 시위를 벌였다. 정부도 이런 흐름에 대응해 그 해 10월 '비상사태법'을 입법화했다.

정치투쟁을 기피하는 것으로 유명한 영국 노동조합 상층부의 분위기에도 일정한 변화가 나타났다. 광업, 철도, 운수부문의 노조들이 사용자와 정부에 대한 직접행동에서 서로 연대하기로 한 '3자동맹'은 이러한 분위기의 대표적인 표현이었다. 하지만, 노조 상층부 내의 이러한 변화는 과연 얼마나 믿을 만한 것일까? 이는 정말 기층 노조원들 사이에서의 변화를 제대로 뒷받침해줄 수 있을 정도로 진지한 것일까?

첫 번째 시험은 1921년 봄에 닥쳐왔다. 당시 영국 사회의 초미의 관심사는 석탄산업 구조조정이었다. 석탄산업은 영국의 산업

1926년 영국 총파업의 가두 시위

혁명을 이끈 주요 산업이지만, 당시에는 이미 민간 자본가들에 의한 소유와 경영이 그 한계점에 도달해 있었다. 이미 정부 보조금 없이는 광산을 운영할 능력이 없었던 민간 광산업자들로서는 이윤을 창출하려면 노동자들의 임금삭감과 노동시간 증대에 의존하지 않을 수 없었다. 그러나 가뜩이나 전체 노동자들의 투쟁이 고양된 상황에서 이는 곧 첨예한 대결을 의미하는 것이었다.

정부는 일단 노조의 투쟁을 무마하려는 의도에서 1919년, 석탄산업 문제를 논의할 생키위원회 Sankey Commission를 조직했다. S. 웹이나 R.H. 토니 같은 진보적이고 양심적인 학자들이 다수 참여한 이 위원회는 광산업의 국유화만이 노동자들의 생활을 위기에 빠뜨리지 않으면서 영국의 석탄산업을 구하는 길이라는 결론을 제출했다. 그러나 보수당 정부로서는 이를 받아들일 수 없었다. 오히려 정부는 위원회의 보고를 무시한 채 시간을 끌다가 1921년 초, 석탄산업에 대한 정부 관리통제를 그 해 8월부로 해제한다는 석탄산업 자유화 조치를 선언했다. 이에 맞서 1921년 4월 1일 광부노조는 철도 및 운수노조와 체결한 3자동맹을 믿으면서 15일을 기해 파업에 돌입하기로 했다. 하지만 막상 4월 15일이 닥치자 운수노조와 철도노조는 파업을 철회해버렸다. 영국 노동자들은 금요일이었던 이 날을 '검은 금요일'이라 부르게 된다.

검은 금요일 이후 전국적인 계급전선은 일시적으로 자본가들이 주도하는 국면으로 넘어갔다. 이런 상황에서 노동조합 지도자들은 이 패배를 만회하기 위해 나름대로 제도적인 혁신을 감행했다. 그 중 하나는 실질적인 영향력이 없었던 TUC의 지도·조정 능력을 강화하기 위해 1921년부터 TUC의 집행기구로서 총평의회 General Council가 활동을 시작한 것이었다. 또다른 시도는 각 직종별 노조들이 통합하여 대규모 산별노조를 만들기 시작한 것으로서, 영국 최대의 노동조합으로 등장한 운수일반노동조합(TGWU)이 그 대표적인 예였다.

다른 한편으로는 노동조합운동으로 쟁취하지 못한 것을 노동당을 통해 이루려는 움직임이 나타났다. 마침 1923년에 무역규제를 둘러싼 보수당과 자유당 사이의 갈등을 등에 업고 노동당이 최초로 원내 소수파로나마 정부를 구성하게 되면서 새로운 실험의 기회가 다가온 것처럼 보였다. 그러나 맥도널드의 노동당 정부는 자유당과의 연정이라는 이유로 생키위원회가 권고했던 정도의 국유화 조치마저도 기피했다. 결국 1924년 보수언론의 '빨갱이' 공세에 몰려 노동당이 총선에서 패배하고 나서 노동자들은 1921년과 아무 것도 다를 게 없는 현실을 마주해야 했다.

총파업이 벌어진 것은 바로 이런 가운데였다. 새로 등장한 보수당 정부를 등에 업고 광산업자들은 다시 광산 노동자들을 상대로 싸움을 벌이려 들었다. 하지만 이번에는 운수노조와 철도노조가 무슨 일이 있어도 광부노조의 파업에 동참할 것임을 확약했고, 노동자들은 이 약속을 열렬히 환영하면서 검은 금요일에 빗대어 이 날을 '붉은 금요일'이라 불렀다.

보수당 정부는 생키위원회의 전례에 따라 사무엘위원회 Samuel

Commission를 조직했지만, 이 위원회가 내놓은 안은 생키 안과는 완전히 다른 것이었다. 광산업의 사회적 재편이라는 대안 없이 일방적인 임금삭감을 제시하는 것 외에는 정부의 카드가 없다는 것을 확인한 광부노조는 메이데이 날, 총평의회에 총파업 명령을 요구했다. 총평의회 간부들은 끝까지 주저했지만, 5월 4일 인쇄 노동자들이 극우 지인 『데일리 메일 *Daily Mail*』의 반노동자적 사설을 인쇄하길 거부하면서 파업에 들어감으로써 총파업은 그야 말로 '저질러져' 버렸다. 그날로부터, 2백50만 노동자가 참여하고 영국의 거의 모든 신문과 교통, 광산, 공장이 가동을 멈춘 총파업 이 시작되었던 것이다.

하지만 투쟁의 주도권을 쥔 것은 투쟁의 의지도 없이 총파업 명령을 내려야 했던 총평의회 간부들이 아니라 정부였다. 정부는 처음부터 총평의회가 일종의 'TUC 소비에트'를 만들어 의회 바깥 에 파업 노동자들의 대안적 권력 중심을 만들지 않는다면 총파업 이란 것은 오히려 노동자들의 완전한 패배로 끝날 수밖에 없을 것임을 내다보고 있었다. 보수당은 파시스트 단체를 급조하면서 까지 투쟁의 주도권을 놓치지 않았다.

반면 노동조합 상층 간부들은 정부가 가장 두려워하는 그것, 즉 대중파업의 급류와 그에 기반한 대안 권력조직의 건설을 가장 꺼려했다. 각 지방에서는 노조 활동가들이 자발적으로 투쟁위원 회 Council of Action를 조직하는 등 도약의 가능성을 보여주었지만, 이러한 가능성은 파업 9일째인 5월 13일 총평의회가 아무런 설명 도 없이 총파업의 무조건 종결을 선언하면서 역사 속에 파묻혀

버렸다. 광부노조만은 분개하여 파업을 지속했지만 이는 6개월
뒤 처참한 패배로 끝났고 말았다. 패배한 노동자들을 기다린 것은
가혹한 노동조합법, 허울뿐인 노사화합주의, 지속적인 임금삭감,
대량 실업사태로 점철된 이후의 십수년간이었다.

"그때 우리는 힘이 있었다. 우리는 계속해야 했지만, 그 힘은
우리에게는 감당키 어려운 엄청난 것이었다. 그 힘은 너무 컸다."
한 파업 참여 노동자의 이러한 증언은 당시의 정서를 잘 보여주고
있다. 1926년의 영국 총파업은 대중 주도 투쟁으로의 발전을 두려
워하는 소위 '조직된 총파업'의 한계를 너무도 잘 보여주었다.
    하지만 TUC 지도부의 생각과는 달리, 투쟁의 발전이 반드시
유혈 동란만을 의미하는 것은 아니었다. 대중적인 투쟁 중심들을
만들면서 총파업을 지속함으로써 영국 자본주의의 근간을 흔들
근본적이면서도 구체적인 개혁을 관철시킬 길이 충분히 존재했
다. 가령 당시 광산업과 수출산업이 위기에 처한 것은 상당 부분,
금융자본주의의 중심이라는 영국의 전전 戰前 위치를 헛되이 고
수하려던 보수당의 금본위제 때문이었다. 하지만 노동조합운동
도, 노동당도 이러한 금본위제의 철회와, 생키위원회에서 이미
권고한 바 있는 광산업의 국유화 등을 지배세력에게 강요하려
하지 않았다. 그리고 이렇게 역사의 기회를 놓친 영국 노동계급은
그 정도의 개혁을 위해서 다시 공황, 파시즘, 전쟁, 기나긴 일상의
투쟁들로 점철된 20년간을 필요로 했던 것이다.

* 1926년 영국 총파업에 대한 자료는 그리 풍부하지 않다. 다만, 영국 노동운동에
대한 통사적 서술 속에서 이 사건에 대한 장 章을 접할 수 있을 뿐이다. 고세훈의
『영국 노동당사: 한 노동운동의 정치화 이야기』(나남, 1999)의 제3장과 제4장, H.
펠링의『영국 노동운동의 역사』(박홍규 옮김, 영남대학교 출판부, 1992)의 제8장이
그 대표적인 예이다. 사회민주주의 좌파의 입장에서 전간기 戰間期 유럽 노동운동
을 검토하는 A. 스터름달의 고전『유럽 노동운동의 비극』(황인평 옮김, 풀빛, 1983)
의 제8장 "영국 노동운동, 실책을 되풀이하다"도 흥미롭다.

선진노동자의 이름으로
1920년대 인쇄출판노동자들의 투쟁

'이 책을 만드는 데 도움을 주신··· 인쇄노동자 여러분들에게 감사드립니다.'

90년대 대학가에서 몇 년간 발행되었던 한 잡지의 마지막 장에 항상 담겨 있는 문구이다. 인쇄노동자, 이번 이야기의 주인공은 바로 이들이다. 인쇄노동자들의 선도성은 각국의 노동운동사에서 (특히 그 초기에) 나타나는 보편적인 현상 중 하나이다. 식민지 조선에서도 이 점은 마찬가지여서, 인쇄노동자들은 당이 건설되고 사상단체와 노동조합이 우후죽순처럼 결성되던 1920년대에 가장 활발한 운동양상을 보였다. 앞 글들에서 원산과 평양을 돌아보았으니, 이번에는 지역적으로 서울을 중심으로 살펴보자.

인쇄노동자들이 세상에 그 모습을 드러낸 건, 상호공제적 기능이 중심이던 서울인쇄직공친목회가 1921년 성립되면서부터였다. 이 친목회는, 20년대 초반에 급속도로 확산된 사회주의 사상의 영향을 받으면서 24년 서울인쇄직공조합으로 변모한다. 인쇄직공조합은 이후 1·2차 조선공산당을 주도하게 되는 화요계와 긴밀하게 연결되어 있었기 때문에, 화요계와 라이벌 관계이던 서울청년회계(서울계)는 바로 다음 해인 25년에 서울인쇄직공동맹을 결성하여 인쇄출판업종의 두 조직은 경쟁적으로 조직사업을 벌이게 된다. 화요계의 인쇄직공조합이 이미 튼튼한 조직적 기반을 구축해 놓은 상태였기 때문에 서울계는 아직 조직이 상대적으로 약했던 지방단체를 인쇄직공동맹을 중심으로 규합하여 직업별 노조의 전국연합체를 결성하려는 시도를 했다. 당시 전국조직이던 조선노농총동맹이 무력화되어 있는 상태였기 때문에 26년에 전국연합체인 인쇄직공총연맹이 결성된 것은 일정한 의의를 갖고 있는 것이기는 했지만, 두 계파의 과도한 경쟁으로 인해 총연맹 역시 실질적으로 거의 활동하지 못하고 만다. 이른 시기에 조직이 결성되어 선도적 투쟁을 벌인 부문이었기 때문에 역으로 분파투쟁의 양상도 그만큼 격렬하게 드러난 것이 20년대 인쇄부문이었다.

　　하지만 계속 분파투쟁만 벌어진 것은 결코 아니었으니, 26년 말에서 27년까지 사회운동에 불길처럼 일던 '파벌주의 박멸' 논리는 인쇄업에도 영향을 주어 두 단체 합동을 통해 27년에 서울인쇄공조합이라는 통합조직이 새로이 결성되었다. 인쇄공조합은 신간회를 지원하고 조선사회단체중앙협의회에 참가하는 등 적극적인 활동을 벌였고, 이러한 흐름은 당시 운동진영에서 제기되던 직업별 노조의 한계에 대한 비판과 맞물리면서 28년에 출판노조라는 산별노조로 개편된다. 두 단체의 합동에 의한 통합조직의 결성에서 산별노조로 개편된 흐름은 다른 부문에 비해 2~3년 정도 빠른 행보였다는 것에서도 우리는 인쇄부문의 선진성을 엿볼 수 있다.

여기서 잠시 산별노조로의 개편이 지니는 의미를 짚어보고 넘어갈 필요가 있다. 20년대 말 이후, 특히 대공황을 거치면서 조선에서도 산업합리화정책의 진전, 생산기술의 고도화와 대규모 생산의 일반화에 따라 미숙련노동자가 증대하는 등 산별노조건설을 위한 사회경제적 기반이 어느 정도 생겨나고 있던 건 사실이지만 그것이 충분히 성숙하지 않았던 점 또한 분명하다. 이 시기 산별노조건설운동이 산업화가 집중적으로 진전된 지역보다는 운동의 선진성이 강한 부문과 지역에 집중되고 전반적으로 미숙한 형태로(단지 이름바꾸기에 불과한 경우들이 꽤 있었던 것도 사실이다) 개편되었던 것도 그 때문이다.

하지만 산별노조로의 이행이 단지 조직노선의 변화에만 국한된 것이었다기보다는 이전의 운동에 대한 반성적 평가에 기반한 운동의 방향전환과 맞물린 것이었다는 점에서 손쉽게 폄하하는 건 적절하지 않다. 가두에서 생산현장인 공장으로 활동 중심의 이전(대표적으로 공장분회의 설치), 추상적이고 일반적인 강령과 구호를 생산현장에 근접한 구체적인 것으로 변화시키는 과제 등에서 분명 이전 시기에 비해 진전된 측면이 있었고, 미숙련노동자

대동인쇄회사 파업을 알리는 신문기사, 1927년 7월 28일와 실업자의 수가 급격하게 증가하는 상황에 대응해 노조들에 부인부, 청소년부, 실업부 등의 전문부서가 설치된 것도 그러한 개편의 성과 중 하나였다. 산별노조를 기초로 한 전국적 단일조직 결성을 위한 지속적 노력도, 비록 당시엔 성공하지 못했지만 그러한 경험들이 해방 공간의 전평으로 이어졌다는 점에서 의미 있는 작업이었다고 할 수 있다. 해방 공간에서 인쇄노동자들이 산별조직으로서 출판노조를 결성하고 전평에서 주도적 역할을 했던 것에서도 이 점은 잘 드러난다.

이제 이 시기 인쇄노동자들의 구체적 투쟁에 대해 살펴볼 차례인데, 그 전에 인쇄업의 특징을 검토할 필요가 있다. 남성노동자를 주축으로 하는 인쇄업은 주조, 활자, 문선, 교정, 인쇄, 제본부 등 공장 내부 조직이 다양하게 분화되어 있고 작업의 성격상 그 각각이 비교적 독립적이었기 때문에, 그러한 다양한 이해관계의 차이를 극복하고 작업장 내의 모든 노동자들을 결집하는 것이 파업 투쟁의 성패를 가늠하는 핵심요인이었다. 또한 다른 업종에 비해 상대적으로 숙련 정도가 높다는 점도 하나의 변수였다.

이 시기 대표적인 인쇄공 파업은 25년 2월의 대동인쇄소 파업이다. 서울 전차노동자들이 대우개선을 요구하며 파업하고 있던 이 시기에 대동인쇄소의 노동자들은 약간의 보상이라는 떡고물 뒤에 견제와 감시를 통한 노동강도 강화라는 칼날을 숨기고 있던 '직공취체규칙'과 '성적고사'의 폐지를 요구하며 파업에 들어갔다. 문선부가 중심이 된 파업노동자들은 다른 인쇄소의 문선공을 임시 고용하여 작업을 하려는 자본에 맞서 신직공들에게는 작업

거부를, 대동인쇄소 내의 다른 노동자들에게는 파업에의 동참을 호소했다. 이것이 주효하여 파업 3일째부터 신직공들은 '우리가 아무리 어려운 처지에 있다 하더라도 동업자가 동맹파업을 단행하면서 굶다시피하고 있는데 그 자리에 뛰어들어 남의 밥줄을 빼앗을 수 없다'면서 출근을 거부하고 인쇄소 내의 나머지 노동자들도 파업에 돌입하자, 더 이상 그럴 듯한 묘수를 낼 수 없던 자본은 인쇄직공조합의 중재를 받아들여 노동자들의 요구사항을 대폭 받아들이게 된다. 같은 시기에 전개되었던 전차노동자들의 파업이 협상으로만 일관하면서 패배한 것과 달리 인쇄소 내 모든 노동자들을 파업에 동참시켜 승리를 이끌어낸 것이다.

하지만 협상 타결 10여 일 후 자본은 파업을 주도한 노동자들을 무단해고하는데 이때 해고를 막아내기보다는 해고 수당을 요구하는 쪽으로 대동인쇄노동자들이 대응한 것에서도 알 수 있듯이 2월 파업의 승리는 부분적인 것이었고 당시 노동자들의 의식과 역량에는 일정한 한계가 있었다. 이 무단해고를 전환점으로 해서 2월 파업 당시의 약속 사항을 자본이 무시하면서 대동인쇄소 노동자들은 8월에 다시 파업에 돌입하게 된다. 그러나 시기적으로 일감이 많지 않은 여름이었고, 무엇보다도 2월 파업 때와는 달리 공장 내의 모든 노동자들을 파업 대오로 끌어들이는 데 실패하면서 8월 파업은 결국 패배하고 말았다. 그리고 20년대에 보편적이었던 현상, 즉 인쇄직공조합과 인쇄직공청년동맹이 자본과의 교섭이라는 상층의 협상에만 의존하려 했던 것도 패배로 귀결되는 데 한 몫 했다. 25년 패배의 영향으로 더 심해진 대표적 착취제도인 무임금 시간노동의 철폐를 요구하면서 대동인쇄소 노동자들은 27년에 다시 파업에 돌입하지만, 교섭을 위임받은 인쇄공조합이 조직적 단결과 역량 결집을 통한 문제 해결 대신 25년과 마찬가지로 상층협상에만 의존하면서 실질적으로 자본의 의도가 그대로 관철되는 형태로 종결된다. 이러한 양상은 20년대 내내 지속적으로 벌어졌던 다른 인쇄소들의 파업(예를 들면 28년 대성당인쇄소 노동자들의 파업)에서도 거의 그대로 되풀이된다.

인쇄노동자들의 선도성과 인쇄노동자 조직의 개량주의. 20년대를 특징지웠던 이 어울리지 않는 조합에 대한 이야기로 끝맺어야겠다. 인쇄노동자들이 선도적인 모습을 보였다는 것은 빈도 높은 파업, 앞에서 이야기한 조직 발전에서 앞서나간 점뿐만 아니라 요구조건으로 내걸었던 사항들(8시간 노동제, 최저임금제, 부상시의 수당과 야업수당 지급, 임시공 철폐 등)의 선진성에서도 잘 드러난다. 하지만 그 시기의 노동자들이 지니고 있던 인식이나 역량의 한계를 인쇄노동자들도 어느 정도 공유하고 있었을 것이며 20년대 노동운동 상층의 개량주의도 지도부 개개인들의 문제였다기보다는 그러한 한계에 기반하고 있었을 것이다. 그런 의미에서 기층 대중의 '영웅적' 투쟁과 지도부의 극단적 개량주의, 파벌주의라는 두 극단을 설정해 놓고 전자가 후자에 의해 일방적으로 좌절되었다는 식으로 바라보면서 20년대 운동을 전체적으로 폄하하는 건 적합하지 않다.

물론 20년대 노동운동 상층에 개량주의는 분명 존재했으며 분파투쟁의 해독도 심각했던 건 사실이다. 여기서 분파투쟁 문제를 살펴보기 위해 서울과 지방의 파업 투쟁 양상을 비교해보자. 서울의 경우 개별 작업장에 속한 노동자들이 분산적으로 동맹파업을 행하고(앞의 대동인쇄소의 경우에도 지지와 격려 메시지는 많았지만 다른 인쇄소에서 연대파업을 벌인 경우는 없었다) 조합은 개별 작업장에서 일어난 파업을 사후적으로 지도(혹은 방조)한 반면, 평양 등의 경우 노동조합에 결집한 노동자들이 지역 내의 전체 공장주에 대항하는 연대투쟁을 벌이고 조합이 전적으로 투쟁을 지도·조직한 경우가 많았다. 전적으로 환원시킬 수는 없지만 이런 대조적인 모습이 나타난 데는, 지방의 경우 지역 내의 운동이 분파투쟁의 영향에 덜 노출되어 있거나 단일 분파에 의해 지도되어 통일적 역량을 발휘할 수 있었던 것도 중요한 이유 중 하나였다.

하지만 이것을 근거로, 분파투쟁에 의해 20년대의 운동 전체가 총체적으로 좌절된다는 손쉬운 일반론을 끌어내는 데는 무리가 따른다. 여기서 주목해야 할 것은, 20년대 후반으로 가면서 이전의 과도한 분파투쟁의 해독이 '자체적으로 교정'되고 있었으며 그것은 지식인 중심이었던 20년대 전반기의 운동을 현장노동자 중심으로 바꾸어 가기 위한 작업과 동시에 진행되고 있었다는 점이다. 앞에서 살펴본 산별노조로의 이행과 함께 공장분회의 건설이 진행되고 27년경부터 노동운동의 방향전환과 함께 파벌주의 박멸 논리가 공감대를 확산한 것이 바로 그러한 맥락에서 진행된 작업이다. 비록 그것에 부족한 점이 있었고 당시 완전한 성공을 거두지 못했다고 하더라도, 그 의미를 무시하고 20년대 운동을 손쉽게 뒷전으로 밀어버리지는 말았으면 한다. 앞에서 살펴보았 듯이 그 시기의 경험이 없었다면 해방 공간에서의 폭발적인 활력 이 가능하지 않았을 것이라는 점에서도 그러하다. 20년대 인쇄노 동자들의 투쟁은 해방 공간의 활력으로 이어진 바로 그 경험들의 선두에 서 있었다는 점만으로도 기억될 만한 가치가 충분하다.

유산된 축제

1936년 프랑스의 공장점거 파업

" $\hspace{-0.2cm}$ 업은 그 자체 기쁨이다 … 활짝 웃는 사수대의 허락을 받아 공장에 들어가는 것을 기뻐하라 … 기계의 무자비한 소음 대신 음악 소리, 노래와 웃음 소리를 듣는 것을 기뻐하라 … 고개를 빳빳이 들고 당신의 사장 앞을 지나가는 것을 기뻐하라 … 유사 이래 처음으로, 그리고 앞으로 영원히, 이들 기계 주변에는 침묵, 강제, 복종과는 전혀 다른 기억들이 존재하게 될 것이다. 사람들의 가슴에 어떤 자긍심을 불러일으킬 기억들, 이 모든 금속 위에 인간의 약간의 온기를 남겨줄 그런 기억들."

1936년 여름 시몬느 베이유는 프랑스 노동자들의 '역사의 축제'

에 이런 찬가를 남겼다. 1926년 영국의 실패한 총파업을 끝으로 사람들은 산업투쟁의 거대한 물결이 이제 과거의 일이 되어버렸다고 안도했다. 더욱이 1933년 히틀러가 독일의 수상이 되자 유럽은 우파의 완전한 승리를 기다리는 것처럼만 보였다. 그러나 안도는 너무 일렀다. 반격은 대혁명의 진앙지, 저 프랑스 파리에서 시작됐다.

프랑스에서도 1930년대 초부터 극우파가 발호하기 시작했다. 이들은 중도파 정부가 부패 사건으로 빈 틈을 보이자 곧바로 행동에 나섰다. 1934년 2월 6일 이들은 부패 사건의 해명을 요구하며 하원에 난입하는 사태를 빚었다. 당시 프랑스의 노동자들은 분열된 상태였다. 본래의 내셔널 센터인 노동총동맹(CGT)에는 사회당을 지지하는 노동자들만이 남아 있었고, 공산당을 지지하며 새로이 통일노동총동맹(CGTU)이 결성돼 있었다. 프랑스 공산당은 애초에는 제1차 세계대전을 지지한 사회당의 기회주의에 반대하며 등장한 혁명적 정당이었으나, 1930년대 초에는 스탈린 주도 코민테른의 '제3기' 좌경 기회주의를 그대로 받아들여 노동운동의 분열만을 초래하고 있었다. 2월 6일 당일에도 공산당은 사태의 심각성을 눈치채지 못한 채 극우파와 함께 중도파 정부의 퇴각을 열을 올려 외쳐대고 있었다.

사태를 선도한 것은 노동자 대중들 자신이었다. 대혁명의 기억과 드레퓌스 사건의 악몽을 통해, 공화국을 방어하는 것은 바로 노동대중이라는 자각을 갖고 있었던 프랑스의 노동자들은 어느 정당의 선도를 기다릴 것 없이 그들 스스로 극우파의 음모와 폭력에 대한 반격에 나섰다. 기층의 여론을 주시하던 CGT는 12일 총파업을 선언했고 CGTU도 이에 질세라 대규모 시위를 감행했다. 소속 조직과는 상관없이 15만 명이나 되는 CGT 노동자들과 CGTU 노동자들은 파리의 거리에서 하나의 대오를 형성했다. 사회당과 공산당 지도자들 역시 이를 주목해야 했으며, CGT와 CGTU는 당장 재통합 논의에 돌입했다.

마침 코민테른 역시 독일에서의 패배와, 뒤이은 오스트리아에서의 파시즘 발호를 목도하면서 '제3기'의 좌경 기회주의에 대해 자기반성하기 시작했다. 파시즘을 '금융자본의 반동 독재'로 규정한 것으로 유명한 디미트로프가 의장이 된 것을 신호로 코민테른은 파시즘에 반대하는 모든 세력—부르주아 정치세력까지를 중요한 참여자로 하여—을 포괄하는 반파시즘 인민전선 노선을 내걸었다.

프랑스 공산당은 이 노선에 따라 1934년 7월에 사회당과 통일전선 협정을 맺었을 뿐 아니라 급기야는 여기에 급진당(프랑스의 전통적인 공화주의 중도파 정당)까지 포함시키기에 이르렀다. 공산당이 왜 급진당까지 통일전선의 상대로 포함했는가 하는 데 대해서는 의견이 분분하다. 히틀러에 대항하여 사회당보다 더 적극적으로 친소 외교정책을 주장하던 급진당을 지지하라는 스탈린의 지령 때문에 그랬다는 비판이 있는가 하면, 당시 프랑스 상황에서는 극우파에 대항하기 위해 그런 광범한 연합이 필요했다는 옹호도 있다. 아무튼 부르주아 정치세력을 포괄하는 이 연합이 모든 좌파 세력의 연대를 주장하는 전통적인 통일전선 노선을 벗어나는 초유의 실험이었던 것만은 분명하다.

프랑스 인민전선은 1935년의 지방선거에서 커다란 성공을 기록한 데 이어, 1936년 4~5월의 총선에서는 결국 의회의 다수를 장악하기에 이른다. 우파 2백20석 대 인민전선 3백78석의 의석분포가 이뤄졌고, 특히 공산당은 12석에서 72석으로 의석을 획기적으로 증가시켰다. 겸양으로 봐야 할지 책임회피로 봐야 할지 아무튼 공산당이 내각에는 참여하지 않기로 결정한 가운데, 사회당의 레옹 블룸이 인민전선 내각을 조각했다. 하지만 역사는 이 다음부터가 진짜였다.

1934년부터 눈을 뜬 프랑스 노동자들의 대중투쟁 정신은 한편으로는 인민전선 정부의 수립을 뒷받침한 원동력이었지만 다른 한편으로는 그것으로 제한될 수 없는 폭발력을 지닌 것이었다. 아니나 다를까 블룸 정부가 출범하려 하던 그 해 6월 예기치 못한 파업 물결이 유럽 대륙에 다시 부활했다.

4월에 미미한 움직임으로 시작되던 파업들은 5월에 선거가 끝난 지 5일 만에 북부 프랑스에서 공장점거 물결이라는 (15년 전 이탈리아에서 이미 나타났지만 프랑스에서는 처음인) 형태로 불을 당기는가 싶더니, 곧바로 프랑스의 다른 지방들에서 같은 모습으로 타올랐다. 6월에 이르러서는 6백만이 넘는 노동자들이 공장점거 파업에 참여했다.

이 파업은 대중파업에 대한 로자 룩셈부르크의 견해와 공장점거에 대한 그람시의 통찰을 의식적으로 되불러들이기라도 하는 것처럼 놀라운 양상으로 전개됐다. 이제까지 전혀 노조로 조직화되지 못했던 미조직 노동자들이 순식간에 파업의 최선두에 나서는 일이 곳곳에서 벌어졌다. 보험회사 노동자들, 은행 노동자들, 호텔과 상점 노동자들이 그들이었다.

다른 한편 공장점거라는 새로운 투쟁 형태는 자본가들을 경악시키기에 충분한 것이었다. 이는 원래 파업 중에 자본가들이 파업 파괴자들을 고용하여 파업을 무력화시키는 것에 대비하여 공장 안에서 농성을 전개하자는 취지에서 시작된 것이었다. 그러나 점거 농성의 위력은 애초에 방어적 의도로 기획되었던 것 그 이상이었다. 혹시나 자신들의 기계 설비가 해를 입을라 고심하던 자본가들은 섣불리 파업 대오를 침탈하지 못했던 것이다.

프랑스 노동자들은 1919~20년의 이탈리아 노동자들과는 달리 점거 중에 생산을 재개하지는 않았다. 그들에게는 『오르디네 누오보』 그룹 같은 선도자들이 없었던 것이다. 대신 이들은 공장 안에서 축제를 벌였다. 때는 여름이었고 프랑스의 여름은 축제를 벌이기에는 더없이 좋았다. 그것도 그 나름대로 괜찮았다.

당시 노르웨이에 있던 트로츠키는 이를 보고 "프랑스 혁명이 시작됐다"고 말하기도 했다. 바야흐로 혁명이 필요한 때이기도 했다. 마침 스페인에서도 1936년 2월에 인민전선 정부가 들어선 뒤 6월부터 파업과 토지점거의 물결이 출렁이고 있었다. 스페인에서는 이에 대해 반동 군부가 쿠데타를 벌여 7월부터 내전 상태에 빠져들었다. 프랑스에서의 정치적 움직임은 스페인 노동대중들의 운명을 결정하고도 남았다.

하지만 프랑스 공산당은 이때 평소 자신이 그렇게 주장해대던 변혁 정당으로서의 모습과는 거리가 멀었다. 이미 1968년의 해프닝을 예고하기라도 하듯 당시 공산당의 모리스 토레즈 서기장은 급진당을 포함한 인민전선을 수호해야 한다는 입장에서 파업 노동자들에게 오히려 "파업을 끝낼 줄도 알아야 한다"고 외쳤다.

공산당의 적극적인 중재로 6월 7일 자본가와 노동자 사이에 마티뇽 협정이 체결되면서 파업 물결은 일단락되었다. 사실 협정의 내용은 참으로 획기적인 것이었다. 주당 40시간 노동이 규정되었는가 하면, 1년에 2주일간의 유급휴가가 보장되었고, 전국적인 단체교섭이 약속되었으며, 임금인상이 공언되었다. 매년 여름마다 바캉스를 떠나는 평범한 프랑스 사람들의 관습은 바로 이때부터 비롯된 것이었다.

하지만 그토록 폭발적이었던 대중파업 물결이 꼭 이런 경제적 이해의 충족으로 끝날 수밖에 없었던 것이었을까? 애초에 공장점거 파업의 요구사항들 중에는 임금인상 같은 경제적 요구들 외에도 직장통제나 국유화 같은 비경제적 요구들도 다수 포함돼 있었다. 당시 프랑스에도 막 도입되고 있던 테일러주의형 공장체제에 대한 반발심도 대중파업의 중요한 동력이었다. 하지만 마티뇽 협정에는 이러한 내용들은 빠져 있었다. 공장 바깥의 떡고물을 위해 공장 안에는 다시 자본가 독재가 확립되는 식이었다.

그렇다면, 프랑스 공산당은 대중파업을 조기에 종결시키는 것 외에는 달리 선택할 수 있는 길이 없었던 것일까? 히틀러로부터 프랑스 공화국을 지키려면…? 하지만 히틀러에 대해서 유화조치와 말뿐인 견제를 반복하다가 결국에는 1940년의 패전으로 향한 길을 연 것이 바로 블룸의 인민전선 정부였다. 이 정부가 공화국을 지킨다며 추구했던 것은 낡은 자유주의적 금본위제의 고수뿐이었고, 이는 대량의 자본유출과 통화위기를 유발해 그나마 마티뇽협정을 통해 노동자들이 얻은 임금인상을 허깨비로 만들어버렸다.

어쩌면 프랑스를 방어할 수 있는 가장 훌륭한 길은 프랑스 노동대중의 혁명적 열기를 새 정부의 추진력으로 삼는 것이 아니었을까? 그것은 대중투쟁에 기반하여 근본적인 경제 변혁에 착수하고 노동대중의 무장력으로 히틀러에 대항하는 길이었다. 하지만, 프랑스 공산당은 자코뱅 전통의 상속자임을 자처하면서 민주주의를 위해 사회주의를 유보하자고 외칠 뿐이었다. 역사상, 무장한 혁명대중의 힘으로 독일의 침입을 격퇴한 세력이 바로 자코뱅이었음에도 불구하고….

* 1936년 프랑스의 파업 사태에 대한 국내 문헌은 거의 없다. 앞 장에서도 소개한 바 있는 A. 스터름달의 『유럽 노동운동의 비극』의 제10장, 제18장에 간략한 소개가 있을 뿐이다.

군수 공장을 멈춘 일 주일
1935년 진남포 제련소 노동자들의 투쟁

"제련소를 타도하자!"

1935년 7월, 대동강 어귀에 자리잡고 있는 진남포 시내를 지나던 행인들은 잠시 발걸음을 멈추어야 했다. 제련소 타도라는 구호 때문만은 아니었다. 제련소 노동자들의 파업이 벌어지고 있던 당시, 그 구호 자체는 시내에서 어렵지 않게 들을 수 있는 것이었다. 사람들의 발걸음을 잡은 것은 다름 아닌 한길가에서 홀로이, 하지만 그 누구보다도 절절하게 구호를 외치고 있는 한 사내의 행색이었다. 꾀죄죄한 걸인 차림의 앉은뱅이 사내, 한때는 제련소 내에서 손꼽히는 숙련공이었지만 작업중 용광로에 데어 두 다리를 잃고 해고당한 후 질긴 생을 힘겹게 이어가고 있던 그가 기계를 멈춘 옛 동료들의 투쟁을 지지하는 구호를 목이 터져라 외치는 모습은 스쳐지나던 뭇 행인들의 발걸음을 돌려세울 정도로 뭉클한 것이었다.

약 40년 전(1897년) 개항되기 이전에는 조그만 어촌에 불과하던 진남포에 제련소가 들어선 것은 1915년이었다. 대동강의 수리 水利와 평남선의 철도라는 편리한 교통, 제련에 필요한 무연탄(평양 부근) 및 광석 산지(황해도)의 인접이라는 좋은 입지 조건을 갖춘 진남포 제련소(주로 금, 은, 동 제련)는, 1930년대에 들어와 금 가격이 급격히 상승하고 대륙 침략을 위해 일제가 금 산출을 장려하면서(참고로 이야기하면, 이로 인해 전국 방방곡곡에서 채광이 열풍처럼 일어나면서 바야흐로 30년대는 '골드 러시'의 시기가 된다) 호황을 맞게 되었다. 좋은 입지조건에 눈독들인 일제에 의해 개항된 후 비교적 이른 시기에 설립되어 낙후된 설비와 기계로 호황기를 맞은 진남포 제련소는 자기완결적인 생산체계를 갖춘 곳은 아니었다. 값싼 원료와 노동력을 이용할 수 있는 진남포에서 일차적으로 광석을 제련한 후, 일본으로 옮겨서 많은 전력과 높은 기술 수준이 요구되는 공정을 수행하는 전형적인 식민지적 생산체계였다. 이러한 점에서 같은 금속 부문의 대기업이면서도 진남포보다 늦은 시기(32년)에 설립되어 당시로서는 선진적인 설비를 갖추고 있던 흥남 제련소가 완결된 생산체계를 지니고 있던 것과는 대조적이었다.

일제의 대륙침략을 위한 후방 군수기지로서의 역할과 골드 러시의 광풍으로 인해 진남포 제련소는 호황을 구가하고 있었지만,

제련소 노동자들은 매일매일 사선을 넘나드는 생활을 해야 했다. 9미터 높이의 고가선로에서 난간 설비 하나 없이 작업해야 했고, 용광로의 배수 시설에서 나오는 뜨거운 물에 데어 살이 타들어가는 고통을 그대로 감수해야 했으며, 굴뚝이 낮고 좁아 용광로에서 발산되는 연기와 가스가 제대로 배출되지 않는 지옥 같은 상황에서도 마스크 착용 없이 견뎌내야 했다. 제련소 측에서는 개근 수당(기본적으로 28일 이상 개근)이라는 당근을 제시했지만 참담한 작업 환경으로 인해 아무리 건장한 사람이라도 2, 3일을 일하면 하루를 쉬어야만 하는 상황에서 그건 결코 손에 잡히지 않는 당근이었다. 이처럼 아무런 안전 시설도 없는 조건에서 매일 12시간 이상 노동해야 하는 노동자들이 납중독에 걸리거나 신체 일부가 잘려나가는 일은 비일비재했다. 더욱이 대개의 노동자들은 인근 농촌 출신으로서 농업 이외의 일에 종사한 경험이 거의 없는 상태였기 때문에 공장의 작업, 특히 유해 물질에 그대로 노출되어야 하는 작업에 적응하기 쉽지 않아 이직과 결근, 더 나아가 엄중한 감시의 눈을 피해 도망하는 경우가 속출했다.

노동자들을 더욱 힘들게 만든 것은 이와 같이 목숨 걸고 작업해서 받은 임금이 고스란히 자신의 주머니로 들어오지 않는다는 사실이었다. 당시 제련소 노동자들은 사무관리직, 직할직공, 임시직공으로 구성되어 있었는데 조선인들은 대부분 직할직공이거나 임시직공이었다. 그런데 이 중에서 특히 임시직공들은 청부업자에게 소속되어 일용 형식으로 고용되었기 때문에 얼마 되지 않은 임금조차 청부업자들에게 중간 단계에서 착취되어 실제로 손아

귀에 들어오는 것은 입에 풀칠하기도 힘든 정도의 금액이었다.

이러한 상황은 자본가들이 공황기에 입었던 손실을 일시에 만회하기 위해 노동강도를 높여가면서 더 심화되었고 결국 35년 여름 노동자들은 투쟁으로 이에 화답하게 된다. 35년 6월, 안전설비라곤 찾아볼 수 없는 상태에서 굴뚝 청소 작업을 하던 20여 명의 노동자들이 모두 떨어져 희생되는 참극이 발생했다. 이 사건을 계기로 제련소 노동자들은 7월 13일, 드디어 '무산 대중은 단결하라'는 구호를 내걸고 파업에 돌입했다. 임금인상, 1일 3교대를 통한 8시간 노동, 안전 설비 설치, 희생된 노동자들의 유가족들에 대한 보상이라는 요구조건에 대해 자본 측은 일언지하에 거부했을 뿐 아니라 교섭하러 들어갔던 노동자 대표들을 체포하여 경찰에 넘겨주는 만행을 저질렀다. 이에 분노하여 몽둥이로 무장하고 사무실을 습격하려는 노동자들에 대해 경찰은 칼을 휘두르면서 제지했지만 파업 노동자들은 그 칼을 빼앗아 꺾어버릴 정도로 격렬하게 저항하였다. 경찰이 조기진압에 실패하면서 자본 측은 신직공 모집이라는 예정된 수순을 밟지만 공장으로 향하던 40여 명의 신직공들을 발견한 파업단의 투석 등으로 인해 자본의 의도는 좌절된다. 이에 자본은 파업에 참가한 노동자는 소수에 불과하며 제련소는 여전히 조업을 하고 있다는 것을 가장하기 위해 굴뚝에서 연기가 나오도록 만들었지만, 파업단의 대오는 속이 들여다보이는 그런 거짓놀음에 꺾어버릴 정도로 허약하지 않았다. 상황이 불리해진 자본은 일부 요구조건을 들어주겠다는 감언이설로 몇몇 부서의 직공들을 다시 공장으로 유인한 후 작업을 강요했지만 자본가들의 기만적 술책에 분노가 치솟은 노동자들은 그곳을 박차고 나왔고 그 후 파업단의 분위기는 한층 더 고조된다.

파업의 기세가 꺾일 줄 모르고 자본이 밀리는 듯하자, 아니나 다를까 '제국의 주구'인 경찰이 수많은 사람들을 검속·연행·취조하면서 노골적으로 개입하기 시작한다. 이에 파업단은 한 곳에 집결해 있는 대신, 역량을 분산 배치하여 투쟁하는 방향으로 전술을 바꾸고 새로운 투쟁에 돌입하였다. 파업단의 조직적 투쟁이 계속되면서 자본은 다시 신직공 모집에 박차를 가하여 멀리 일본에서까지 숙련공을 데려오려 했지만, 조선에서 겨우 모집한 소수의 직공들은 대개 숙련공이 아니었고 일본에서 모집한 50여 명의 숙련공 중에서 바다를 건너온 이들은 겨우 6명에 불과했기 때문에 작업 재개라는 자본의 의도는 쉽게 관철되지 않았다. 게다가 인근 광산에서 데려온 임시직공들에게 외부와의 접촉을 차단시킨 상태에서 작업을 강요했지만, 이들 역시 파업 사정을 알지 못한 상태에서 끌려왔던 초기와는 달리 파업 소식을 들은 후 작업에 비협조적이 되었고 자본의 입장은 어려워져만 갔다. 당시 시내 곳곳에서는 노동자들의 집을 일일이 찾아다니며 회유와 위협을 통해 작업 복귀를 종용하던 자본 그리고 이전보다 더 대대적인 검거에 들어간 경찰과, 거리 요소요소에 배치되어 있던 파업단 규찰대의 충돌이 빈발하면서 진남포는 마치 벌집을 들쑤셔놓은 것과 같은 상태였다.

그러나 일 주일 남짓 지속되었던 제련소 노동자들의 파업은 승리하지 못했다. 경찰의 노골적인 탄압이 분명 중요한 요소이기

는 했지만 모든 원인을 그 하나로 돌려버리는 것은 곤란하다. 지금
의 우리에게는 그것만으로는 환원할 수 없는 파업단 내부의 약점
을 간과하지 않는 자세가 필요하다. 당시 제련소 노동자 파업의
뒤에는 남포좌익노동조합(30년대 노동운동의 특징이었던 적색노
조)이 있었다. 35년 3월에 상조계라는 형식상 합법 단체를 만들어
파업을 조직·지도했던 이들의 원래 계획은, 제련소 파업에 시내
의 다른 노동자들을 모두 합류시켜 진남포 전체의 총파업을 단행
하는 것이었다. 제련소 이외에도 부두 노동자들 등에서 일정한
조직선을 유지하고 있던 이들의 입장으로 보았을 때 진남포 전체
의 파업이란 계획은 전혀 불가능한 것만도 아니었다. 하지만 이들
은, 식량과 파업자금뿐만 아니라 일반 노동자들의 사상적 측면에
있어서도 충분히 준비되지 못한 상황임에도, 20여 명의 희생이라
는 폭발적 계기에만 조급하게 주목함으로써 계획과 달리 전체
노동자들이 동시에 일어나도록 조직하지 못했고 그 결과 탄압이
제련소 노동자들에게 집중되었다. 노동자들은 굶주림을 참아가
며 시내 곳곳에서 격렬하게 투쟁했지만, 최소한의 생계를 위한
식량이 조달되지 못하는 상태에다 사상적 준비가 덜 되었던 이들
로서는 계속되는 해고 위협까지 더해진 상황에서 일 주일 만에
'오직 당분간의 주림을 방지하기 위한 한 전술'로서 작업에 복귀
할 수밖에 없었다. 또한 중간에 전술을 변경한 것은 나름대로 정당
한 이유가 있었지만, 전술 변화 후 경찰의 탄압을 피하는 데 초점
을 맞춘 지도부들이 투쟁을 효과적으로 지도하지 못하면서 시내
곳곳에서 격렬하게 투쟁하던 노동자들은 점차 고립되어갔고 자

본은 그 틈새를 놓치지 않고 파고들어가 그들을 각개격파하면서 결국 파업은 패배로 귀결되었다.

패배하긴 했지만 진남포 파업은 주목할 만한 몇 가지 특징을 지니고 있었다. 합법 영역에 치중했던 20년대 운동을 반성하는 과정에서 등장한 비합법 영역의 적색노조의 존재에서 알 수 있듯이 선진적 노동자들과 혁명적 사회주의자들의 의식적 지도와 계획에 의해 진행되었다는 점, 이들이 진남포에서 다른 부문이 아닌 제련소를 택했던 것에서 드러나는 것처럼 대륙 침략을 위한 군수 기지로서 일제에게는 소중한 존재이던 독점 대기업 부문에 역량을 집중하고 파업을 지속시킨 점, 그리고 마찬가지의 조건을 갖추고 있긴 했지만 구체적으로 실행하지 못하고 사전에 진압되어 버린 흥남 제련소(34년)에서와 달리 일 주일간이나 파업을 단행한 점 등에서 우리는 진남포 파업의 의의를 찾을 수 있다. 비록 철저하게 '현실 속의 존재'일 수밖에 없는 노동자들에 대해 조금 더 구체적으로 파악하지 못하고 다소 조급한 모습을 보여준 것이 아쉬움으로 남긴 하지만, 그건 오늘의 우리가 과제로 삼아야 할 교훈으로 받아들여야 하겠다.

절반의 승리
1937년 미국 플린트 공장점거파업

전 후 유럽 대륙의 노동자들이 투쟁의 물결 속에서 들썩일 때 미국 노동계에는 침묵만이 지배하고 있었다. 한때 헤이마킷 사건으로 '8시간 노동'이라는 강령을 전세계 노동운동의 핵심 강령으로 각인시켰고, 풀먼 철도 파업으로 대중파업의 선구적인 형태를 제시했으며, 세계산업노동자연맹(IWW) 운동을 통해 산업별 노동조합의 정신을 드높였던 미국의 노동운동은 제1차 대전 직후 마치 치매에 걸린 듯이 보였다.

직종별 노동조합의 연합인 미국노동총동맹(AFL)이 노동운동을 주도하면서 미국 노동계는 세계에서 유례없는 노동 관료의 천국이 되어버렸다. AFL의 숙련 노동자 출신 지도부는 단순히 기층 노동자들의 투쟁을 교란했을 뿐만 아니라 미국의 독점자본가들과 결탁하여 부르주아의 작업장 독재가 행해지는 데 핵심적인 역할을 했다. 전쟁 이후 미국의 핵심적 산업으로 떠오른 자동차 산업이 대표적인 예였다. 계급적 단결이 이뤄질 경우 미국 사회 전체를 뒤흔들 가능성을 지니고 있던 자동차 부문에서 노동자들은 수십 개의 직종별 노동조합으로 쪼개져 그러한 가능성을 도저히 실현시킬 수 없도록 갇혀져 있었다. 따라서 산업별 단결의 구호는 미국의 독점자본에게나 AFL의 노동 관료에게나 참으로 혁명에 가까운 위협이 아닐 수 없었다.

1920년대 유례없는 호황 속에서 그러한 혁명적 사태는 전혀 가능성이 없는 듯 보였다. 하지만 1929년 세계를 뒤흔든 뉴욕 증시의 폭락과 함께 시대는 급격하게 바뀌기 시작했다. 몇 년 지나지 않아 미국 전체의 실업자는 1천7백만으로까지 증가했다. 이들 실업자 대부분은 빈민으로 전락하여 빈민구호소의 급식 대열에 늘어서지 않을 수 없었다. 그리고 그 대열의 많은 수는 노동계급 내에서도 차별과 멸시를 받던 흑인 노동자들이었다.

하지만 사태가 이 지경에까지 이르자 이제까지 정치적 수동성의 대명사였던 미국 노동계급도 반격에 나섰다. 1930년 4월에는 공산당이 주도하던 제2의 노동조합연맹인 노조통일연맹 주최로 전국적인 실업반대 시위가 벌어져 1백25만 명이 참여했다. 1930년 7월에는 시카고에서 전국실업자위원회가 결성돼 실업보험 등 실업자 가족의 생존권 문제를 제기하며 운동을 벌였다. 1932년에는 미국 보수주의의 온상인 남부에서마저도 백인 소작농과 흑인 소작농이 단결하여 소작농연맹을 건설했다.

다시 1932년 4월에는 제1차 대전 참전용사로 이뤄진 재향군인 연맹이 연금문제로 워싱턴 행진을 감행했다. 그러나, 부인과 어린 아이들을 대동한 2만5천 명의 이 기아행진은 당시 참모총장이던 맥아더 장군의 명령에 따라 폭력적으로 진압됐다. 이미 그 해 3월 에는 포드 자동차의 거점인 디어본 시에서 포드사의 사설 경찰들 이 실업자위원회 시위대에 기관총을 발포하여 수명의 노동자가 죽음을 당하는 '포드 자동차회사 대학살 사건'이 일어나기도 했 다. 바야흐로 미국의 꿈의 허상이 송두리채 발가벗겨지는 순간이 었다.

사태가 이쯤 되자 지배세력도 뭔가 적극적인 대안을 고민하지 않을 수 없었다. 지배집단 내의 개혁파를 대표하는 F. 루즈벨트가 대통령으로 당선돼 뉴딜정책을 실시한 것은 바로 이런 맥락에서 였다. 뉴딜은 루즈벨트 자신이 국민들에게 터놓고 이야기했듯이 "혁명을 막기 위한 개혁"이었다. 뉴딜의 많은 개혁조치들 중에서 도 노동자들에게 특히 솔깃했던 것은 1933년 통과된 전국산업부 흥법의 제7조 A항이었다. 이 조항은 노동자들이 스스로 자유롭게 자신의 대표를 선출하여 자본가들과 단체교섭을 행할 수 있도록 규정하고 있었다. 일단 이 법이 통과되자 AFL의 틀을 벗어나 한 번 제대로 싸워 보겠다는 열망에 가득 차 있던 미국의 노동자들은 이 법이 제공한 기회를 2백 퍼센트 활용하기 위해 분연히 일어섰

1937년 미국 플린트 공장점거파업
노동자들에게 빵을 전달하는 여성들

다(전국산업부흥법은 보수적인 대법원의 위헌 판결에 따라 효력을 정지당했지만, 곧 와그너법이라는 대체입법이 행해져 노동자들의 권리는 그대로 유지됐다).

처음부터 투쟁의 양상은 전후 유럽에서 나타났던 대중파업의 모습으로 나타났다. 일단 1933년에 파업 수가 갑자기 세 배로 증가하면서 파업 물결이 시작됐다. 그리고 파업 노동자들은 일단 단결권을 확보하면 많은 수가 AFL이 아닌 노조통일연맹이나 다른 독립노조, 그리고 뒤에는 AFL를 박차고 나온 산별노조들의 연맹인 산별조직위원회(CIO)에 가입했다.

공황 시기임에도 불구하고 이들이 내건 요구는 임금 문제나 고용 문제에 한정된 것이 아니었다. 오히려 투쟁의 중심에는 공황을 계기로 더욱 공고해진 억압적이고 폭력적인 작업장 분위기에 대한 반발이 자리하고 있었다. 또한 이러한 파업의 선두에는 당시 노조운동의 개혁을 위해 일시적인 동맹을 맺고 있던 공산당과 사회당의 활동가들이 있었고, IWW의 전통을 간직하고 있던 일부 숙련 노동자들도 있었다.

1934년 여름 샌프란시스코에서 벌어진 도시 전체의 총파업은 이 파업 물결의 한 분수령이었다. 그 해 5월에 시작된 샌프란시스코 부두 노동자 파업이 AFL 관료의 반공주의적인 협박에도 불구하고 두 달 넘게 계속되자 경찰은 폭력진압에 나섰고, 이는 두 명의 노동자가 살해되는 '피의 목요일' 사태(7월 5일)를 불러왔다. 지배자들은 이 공격으로 파업을 잠재울 줄 알았지만 결과는 정반대였다.

쓰러진 두 동료의 관을 둘러매고 3만5천 명의 노동자들이 시위 행진을 벌였다. 이를 신호로 시 전역의 노동조합들이 해당 조합의 노조 관료들의 의사에 상관없이 일반 조합원들의 압력에 따라 파업을 결의했다. 7월 16일, 도시 전체는 쥐 죽은 듯이 조용해졌다. 이후 며칠간 시의 권력은 총파업투쟁위원회에 있는 듯이 보였다.

비록 AFL 지도부의 농간으로 총파업 자체는 7월 19일에 끝났지만, 전반적인 결과는 승리라고 불릴 수 있는 것이었다. 부두 노동자들은 주 30시간 노동제와 임금인상을 쟁취했던 것이다. 이미 샌프란시스코 이전에 톨레도와 미네아폴리스에서도 벌어졌던 이런 도시 전체에 걸친 총파업 형태는 이후 몇 년간 노동자 투쟁의 전형적인 모습으로 계속됐다. 이는 미합중국식의 '대중파업'이었다.

또다른 혁신은 파업 방식과 관련해 이뤄졌다. 예전에 IWW 선배 노동자들이 시도했던 공장점거 방식(미국식 표현으로는 연좌농성 sit-in)이 다시 등장한 것이다. 흔히 작업장을 떠나는 형태로 이뤄지는 파업을 작업장을 점거하는 방식으로 대신함으로써 미국 노동자들은 비슷한 시기에 공장점거 파업을 벌인 프랑스 노동자들과 마찬가지로 커다란 효과를 거두었다(실제 미국 노동자들은 "프랑스 방식으로 하자!"고 외치곤 했다).

자본가들은 그들이 그토록 끔찍이 아끼는 생산설비가 손상될 수 있었기 때문에 노동자들을 쉽게 공격할 수 없었고, 노동자들 역시도 가두에서 다시 헤쳐 모이는 것보다는 단결하기가 훨씬 쉬웠다. 특히 이와 관련해서는 미국의 독점자본가들이 파업 대오에 총격을 가하기 일쑤였고 투쟁 지도부에 테러를 가하는 일을 밥먹듯 했다는 사정도 이해할 필요가 있다. 물론, 이러한 기술적인 측면 이상의 가능성에 대해 생각하는 사람들도 있었다.

"점거농성 파업은 대중의 창발성을 표현하고 있는 최근의 현상으로서 '정상적인' 자본주의 절차를 넘어선다. 파업 노동자들의 요구가 무엇이건 간에 공장을 일시 장악하는 것은 우상시되고 있는 자본주의 소유제에 일격을 가하는 것이다. 모든 점거농성 파업은 실제적인 방식으로 누가 공장의 주인인가라는 문제를 제기한다. 자본가가 주인인가 아니면 노동자들이 주인인가?" —— 트로츠키, 「이행기 강령」, 107쪽, 『10월의 교훈 및 이행기 강령』(김성훈 옮김, 풀무질, 1996)

파업의 물결이 절정에 달하고 새로운 투쟁방식의 위력이 한껏 과시된 것이 바로 1936년 12월에 시작된 플린트 시 제너럴모터즈 노동자들의 파업이었다. 그 전 해 5월에 자동차 노조는 AFL을 탈퇴하여 CIO에 가입했다. 이후 자동차 산업은 미국의 독점자본과 노동자가 한판 대결을 치를 전장으로 떠올랐다. 가장 쟁점이 된 것은 전국 단위의 교섭 문제였다. 전국 교섭을 요구한 자동차 노조에 대해 GM 경영진은 공장 단위의 교섭만이 가능하다는 입장을 고수했다. 이미 기정사실화되고 있는 산업별 노조를 끝까지 교란시켜보려는 자본가들의 발버둥이었다.

결국 12월 28일 클리블랜드 공장의 파업을 시발로 전국 각지의 GM 공장에서 파업이 발생했다. 그런데, 하필이면 플린트 시가 투쟁의 초점이 된 것은 공장점거를 감행하고 있는 수천 명의 노동자들 및 그 가족들과, 회사가 동원한 준파시스트적인 자경단 사이의 마찰이 일촉즉발의 위기에 이르렀기 때문이다. CIO 위원장 존 루이스가 협상을 위해 달려왔고, 미국의 눈길은 이 도시에 쏠렸다. 전국 각지의 노동자들은 매일 아침 신문을 펼쳐들면서 눈물을 글썽였고, 그러면서도 자부심을 느꼈다. 파업은 한 달을 훨씬 넘겼다.

자경단이 공장에 들이닥칠 것이고 공장을 둘러싼 노동자 가족에 대해서는 대학살이 벌어지리라는 근거 있는 유언비어가 사람들의 마음을 어지럽히던 2월 11일(파업 44일째) GM은 결국 항복하고 말았다. 전국적 교섭을 받아들이고(즉, 산업별 노조를 인정하고) 노조가 요구하는 모든 쟁점(즉, 작업장 통제 문제까지)을 협상 대상으로 인정하겠다는 것이었다. 삽시간에 플린트 시는 축제의 도가니로 변했고, 공장에서 나오는 덥수룩한 전사들은 열광적인 환영을 받았다.

여기서 우리의 이야기가 끝난다면 좋겠다. 하지만 결코 내키지 않는 결말이 우리를 기다리고 있다. 플린트의 승리가 있은 뒤 몇 달 안 되어 소위 '루즈벨트 불황'이 다시 닥치면서 파업 물결은 한 풀 꺾이기 시작했다. 초기의 진보적인 정책에서 후퇴한 루즈벨트 정권은 특히 강철산업을 기반으로 재개된 자본가들의 반격을 묵인하기 시작했다. 그리고 AFL의 노조 관료들이 다시 전면에 등장했다.

그럼 CIO와 산별 노조들은? 공산당과 그 수많은 투사들은? 불행히도 CIO 지도자들 역시, 비록 투쟁의 흐름에 기반해 있다고는 하지만, 사실 AFL에서 커온 사람들이었다. 이들은 루즈벨트 정권의 약간의 진보성과 연합하는 데는 익숙했지만 정권과 대결하며 운동을 이끌어가는 데는 적합치 않았다. 더 나아가 이들은 숙련과 미숙련 노동자, 북부와 남부 노동자, 백인과 흑인 노동자, 남성과 여성 노동자들을 단결시켜, 동요하는 자유주의자들에 대한 대안이 될 노동자·민중의 새로운 정당을 건설하는 데 적극적이지 않았다. 심지어는 공산당마저 루즈벨트 정권에 대한 '비판적 지지'를 부르짖으며 이러한 대중적 노동자정당 건설작업을 게을리 했다. 그 결과, 이후 1950년대 초반까지 몇 차례 파업 물결이 반복됐지만, 미국 정치는 노동자 세력이 철저히 배제된 극우·반공 구도로 향했다.

플린트의 노동자들은 이제 전보다 높은 임금으로 자동차며 집을 살 수 있었지만, 그 승리는 뭔가 공허했다. 아니, 그것은 승리가 아니었다. 작업장에서 그들은 여전히 노예였고, 이들의 번영조차 다시 자본가들과 보수 정치인들에게 묶여 있었으며, 투쟁의 자랑스러운 기억은 미국 역사와 문화의 주변으로 밀려났던 것이다. 소위 자본주의의 '포드주의적' 국면의 시작이었다.

* 리처드 보이어와 하바트 모레이스의 『알려지지 않은 미국 노동운동 이야기』(이
태섭 옮김, 책갈피, 1996)의 제9장과 제10장은 1930년대 미국 노동운동에 대해
박진감 넘치게 서술하고 있다. 비록 절판된 책이지만, 솔 알린스키의 『존 루이스』
(이신범 옮김, 한길사, 1979)는 CIO의 지도부 수준에서 어떤 일들이 벌어졌는지를
잘 보여주고 있다. 이 시기 미국 노동운동에 대한 최상의 분석은 마이크 데이비스
의 『미국의 꿈에 갇힌 사람들: 미국 노동계급사의 정치경제학』(김영희·한기욱
옮김, 창작과비평사, 1994)의 제2장 "미국 노동계급과 민주당의 불임의 결혼"이다.

농구 農具 대신 투쟁의 깃발을
1930년대 정평 농민들의 농민조합운동

80년대 한국 사회 변혁운동의 분위기를 단적으로 드러내는 말이 노학연대였다면, 이 땅에서 노동운동이 움터나왔던 20년대부터 해방 공간까지의 그것은 노농동맹이었다. 그 동안 노동자들의 파업을 살펴본 데 이어 이번에는 당시 운동진영에서 하나의 '신념'처럼 받아들여졌던 노농동맹의 다른 한 축인 농민운동, 그 중에서도 30년대 맹위를 떨쳤던 혁명적 농민조합운동(적색 농조라고도 불리는)의 발자취를 따라가보자.

혁명적 농조운동이 출현했던 30년대 조선의 농촌은 파탄 직전이었다고 해도 과언이 아니다. 이 점은 농민들의 생활뿐만 아니라 일본 제국주의가 구축해 놓은 농촌 지배질서 역시 마찬가지였다.

1910년대의 토지조사사업 및 20년대에 본격화된 산미증산계획을 통해 이른바 식민지지주제로 재편되었던 조선의 농촌은, 29년 대공황의 여파로 쌀값을 비롯한 곡가가 폭락하는 등 농업공황이 발생하면서 결정적인 타격을 받게 된다. 더욱이 농업공황으로 인한 부담을 지주들이 소작료를 고율로 책정하는 등의 방식으로 농민들에게 일방적으로 전가하면서, 농민 대 지주 및 제국주의 권력 사이의 모순과 갈등은 기존 지배질서로는 담아낼 수 없는 상태로 격화되어갔다.

이처럼 아래로부터 터져나오는 농민들의 움직임에 주목한 것은, 지배질서를 어떤 식으로든 재편해야 했던 제국주의 권력뿐만 아니라 천도교(이들 중 일부는 20년대 중반 이후 자치운동을 벌이고 있었다)와 기독교 계열로 대표되는 민족개량주의 세력, 그리고 운동의 방향전환을 외치면서 20년대 운동의 한계를 극복하고자 했던 사회주의 운동 세력도 마찬가지였다. 70년대 박정희의 새마을운동과 무척이나 닮은꼴인 농촌진흥운동과 같은 개량적 정책과 탄압의 강화라는 양날의 칼로 농민을 다시 지배질서로 포섭하면서 동시에 이전보다 훨씬 지배망을 촘촘하게 짜고 있던 일제와, '생활개선, 농사개량'과 같은 비정치적 활동에 주력하던 민족개량주의에 맞서, 지배질서의 균열지점을 파고 들어가 사회의 기본틀 자체를 바꾸고자 한 사회주의자들의 조직노선으로 등장한 것이 바로 혁명적 농조였다.

혁명적 농조운동은 저 남쪽의 완도에서부터 함북 명천에 이르기까지 방방곡곡에서 발생했지만 그 중에서도 가장 활발했던 지역은 함경도였다. 해방 이후 북한 정권의 한 축을 이루었으며, 대부분이 30년대 혁명적 노조·농조 운동 경력을 지니고 있었던 이른바 국내파 공산주의자들의 주요 활동무대였던 곳, 바로 그곳이다. 이번에 살펴볼 정평은 일제 경찰들이 '조선 좌익의 근원지,' '사상의 특수지대'라고 불렀던 그 함경도 내에서도 혁명적 농조운동이 이른 시기에 시작되어 30년대 내내 지속된 지역이다. 함경남도 함흥 아래에 위치하고 있는 정평은 토지가 농민들에게 비교적 균등하게 분배되어 있던 자작농 중심의 농업지대였다. 농민적 토지소유라기보다는 척박한 지역의 독특한 전근대적 토지소유 형태라는 이러한 특징은 함경도의 다른 지역들에서도 쉽게 찾아볼 수 있던 것으로서, 대토지 소유와 지주—소작 관계의 극단적 발현이 일반적이던 삼남 지방과 뚜렷하게 구별되는 점이었다.

하지만 20년대 들어 이 지역에서 일제의 식민지 농업정책이 본격화되면서 상황은 급변하게 된다. 산미증식계획을 추진하던 일제는 이미 관개가 되고 있는 논을 소유한 구역 내의 자작 농민들이 거세게 반대했음에도, 수리조합 설치를 강행하여 인위적으로 많은 밭을 논으로 바꿔놓는다. 하지만 이 수리조합은 기존에 논을 가지고 있던 이들뿐 아니라 새로 논을 소유하게 된 이들에게도 곧 재앙으로 바뀌게 된다. 다름 아닌 높은 수리조합비가 화근이었던 것이다. 농민들의 뜻에 반해 강요되었던 이 수리조합이라는 괴물이 가져온 결과는, 조선 공산주의 운동사에서 빛나는 이론가 중 하나인 한위건이 그에 대한 실태조사 후 남긴 기록을 통해 살펴볼 수 있다. "수리조합원의 다수를 점하고 있는 자작농 이하의 소농 일반은 조합비와 차금 借金 및 각종 세금과 같은 현금부담 때문에 증산된 쌀을 팔아 만주산 좁쌀을 사서 먹고 있으며 당면의 조합비 부담을 감당하지 못해 소유 토지를 방매하는 상황에 놓여 있다. 이 방매토지는 대부분 동척 東拓을 비롯한 대지주들이 사들이고 있기 때문에 토지겸병이 심화되고 있다"(『동아일보』, 1927년 9월 27일자).

이처럼 수리조합 구역을 중심으로 지주제 확대와 대토지 소유자 급증 및 농민층 분해가 급속히 진행된 것에 더해, 20년대 이후 상품경제화가 심화되고 농민들이 본격적으로 자본주의 시장경제에 포섭되면서 궁박 窮迫판매(증대되는 현금부담으로 인해, 제값을 못받고 시장에 판매하는 것) 역시 늘어남에 따라 소농의 몰락은 걷잡을 수 없는 상태로 치달아간다. 여기에다 30년대 농업공황까지 겹치면서 농민들은 이제 기존 질서 바깥에서 생존을 위한 대안을 모색하게 된다.

20년대 초반 유지 청년들이 중심이 되어 실력양성론적 이념을 견지하던 청년운동은, 26년 제로회라는 사상단체와 정평프로청년동맹이 창립되면서 새로운 국면으로 접어든다. 사회주의적인 지향을 지니고 있던 후자의 인물들이 촉매가 되어 26년부터 곳곳에 조직된 농민단체들은 정평농우회를 거쳐 정평농민동맹(농맹)으로 정립되었고, 청년단체들 역시 '1군 1조직 원칙'에 따라 28년 정평청년동맹(청맹)으로 통합된다. 이 두 단체는 농민의 일상 이익과 직접 연관된 사안들, 즉 소작료 문제, 농산물 및 부업품의 강제공판제도 폐지, 수리조합 문제, 지세·종자·금비(비료)의 지주

전담제 등에 대해 집중적으로 문제제기하면서 대중조직으로서의 역량을 확충해갔다. 그리고 소비조합운동을 적극적으로 추진하여 30년 말까지 4개를 (일개 군 단위에) 안착시키는 성공을 거두었고 그 외에 세금 불납운동 역시 이들의 주요 활동사항 중 하나였다.

주목할 만한 것은 혁명적 농조로 전환하기 전인 이 시점부터 이들은 이전 시기와는 다른 야학, 즉 실력양성론에 기반하여 일방적 계몽을 실시하는 것을 넘어 사회주의를 수용한 민중지향적 청년지식인과 민중이 만나는 장으로서의 야학 활동을 조직의 지침과 통제 아래 곳곳에서 활발하게 벌여냈다는 점이다. 이러한 야학의 장에서 성장한 농민들이 뒷날 혁명적 농조에서 핵심적인 역할을 했다는 것에서도 이 점은 특기할 만하다.

이처럼 농맹과 청맹의 활동이 활발해지자, 20년대 중반 이후 계급 분화가 급속하게 진척된 상황에서 그에 대한 반대운동 또한 거세게 일어나서 곳곳에서 충돌 사태가 벌어진다. 흥미로운 것은 이러한 농촌 내부의 갈등이 많은 경우 세대간 갈등의 형태를 띠고 나타났으며 충돌 발생의 계기로서 가장 많이 작용하는 것이 야학 활동이라는 점이다. 농촌 내부의 갈등을 조장하면서 분할 지배전략을 구사하던 일제가 그러한 충돌을 빙자해 일방적으로 운동가들을 탄압하는 20년대 말엽에 접어들면서 농민들은 서서히 일제 권력과의 정면 대결 쪽으로 나아가고 있었다.

그러던 중 29년 2월 농맹 정기대회를 임석 경관이 금지시키는 사건이 발생했다. 이에 모여들었던 4백여 농민들이 '무산농민 단결'이라는 기를 세우고 시가를 행진한 후 경찰서로 몰려가 집단적으로 항의하자 경찰은 무기한 대회를 금지시켰고 이러한 상황은 그 해 6월에도 되풀이되었다. 특히 대공황 이후 일제가 집회 금지 및 일상적 활동에 대한 검속을 강화하는 등 먼저 공세를 취하면서 운동진영으로서도 새로운 변화의 전기를 모색하게 되었다. 그러던 중 29년 11월, 전협(일본노동조합전국협의회)에서 활동하던 인물들의 귀향과, 30년 3월의 농맹 대회에서 일제의 식민지 정책을 직접적으로 부정하는 내용의 구호들을 제기한 것을 계기로 방향전환기로 접어들었다. 그 시위 사건 이후 일제가 모든 집회를 금지하면서 합법 공간이 극도로 위축된 농민운동 주체들은 그 해 6월 정평농조를 결성하고 8월에는 비합법 투쟁으로의 전환을 결정한다. 이러한 방향전환은 기본적으로, 민족협동전선론에 기반하고 있던 20년대의 노선에서 프롤레타리아 헤게모니에 기반한 노농동맹론으로의 전환에 기초한 것이었다.

농조로의 개편 후의 활동을 살펴보면, 흔히 이야기되는 것처럼 농민의 일상적 문제에서 동떨어져 정치적인 쟁점만을 부각시킨 것과는 거리가 멀다. 오히려 일상 이익과 직접 관련된 문제들에 천착한다는 점에서는 앞 시기와 연속성이 있었으며, 단지 제국주의 권력의 탄압 강화라는 변화된 상황 속에서 그 과제를 보다 잘 수행하기 위해 조직노선을 새로이 설정했다고 보는 편이 더 적절할 듯하다. 다시 말해 좌편향적인 노선을 설정했기 때문에 일제의 탄압을 받았다는 주장은 사실과 다르다고 할 수 있으며, 처음부터 비합법 활동만을 고집한 것이 아니라 합법 공간 창출에 지속적으로 주목한 것에서도 손쉽게 좌편향이라고 낙인찍기 어려움을 알 수 있다. 개편 이후 청년, 여성 및 쟁의 관련 부서를 새로 편제하고 빈농 헤게모니의 원칙(그렇다고 해서 부농을 원천적으로 배제한 것은 아니었다)을 강조하는 등 조직의 계급적 성격을 강화하기 위한 노력에서도 보여지듯이, 이는 20년대 운동의 한계를 내재적으로 극복하기 위한 시도에서 도출된 조직노선이라 할 수 있다.

물론 농조로의 전환이 외부적인 요인의 영향을 받은 것은 사실이지만, 그 전에 이미 청맹 내부에서 좌익블록 형성을 통한 빈농우위의 원칙 강화 움직임이 있던 데서도 그 점은 잘 드러난다. 또한 농조는 '투쟁을 통한 조직' 원칙을 실현하여 결성 직후부터 지속된 투쟁을 통해 상당한 대중적 기반을 확보하게 된다. 이들의 투쟁이 격렬했음은 30년 말의 3~4개월에 걸쳐 '노농 러시아의 농촌을 방불케 하는 일종의 반半해방구적 활동을 벌였다'는 일제 경찰의 기록에서 단적으로 드러난다. 한 가지 특기할 만한 것은 이 시기 농조가 외친 주장 중에서 '제국주의 전쟁 반대'라는 구호가 많았다는 점이다. 일제의 대륙침략이 본격화되는 상황, 더욱이 당시 소비에트로의 북진이 유력하게 검토되던 상황이었기 때문에 그러했을 것이다.

몇 달간 지속된 1차 농조의 활동은 31년 1월의 일제 검거로 잦아들었지만 그 불길 자체가 꺼진 것은 아니었다. 32~34년, 36년, 37~39년에도 지속적으로 재건되면서 농민과 함께 지배질서에 맞서 싸웠다. 특히 이후의 농조재건에서 드러나는 두드러진 특징은, 유학생 출신과 전협에서 활동하던 인자들이 중앙에서 움직이고 농민들은 지부 단위의 활동가로 주로 활동하던 1차 농조 시기와 달리 야학을 통해 사회주의 지식인들과 만났던, 그리고 1차 농조에서 활동했던 농민층이 중심축이 되어 활동한다는 점이다. 지식인과 민중의 만남의 장이었던 야학, 그 보잘 것 없어 보이던 활동이 그 이후의 운동에 미친 영향은 이처럼 엄청났다.

마지막으로 한 가지 지적해야 할 것은 당시 전국적으로 벌어졌던 혁명적 농조운동은 당재건운동과 밀접한 관계를 맺고 있었다는 점이다. 29년 4차 조선공산당이 붕괴된 후, 대중적 기반이 튼튼한 당(20년대의 경우 시간이 흐를수록 자체 교정되어 가고 있었지만 전반적으로 대중적 기반이 약했던 건 사실이다)을 건설하기 위한 운동으로서 공장과 농촌에 혁명적 대중조직을 건설하기 위한 운동으로 전개되었던 것이다. 당은 해방이 되기까지 결국 재건되지는 못했지만, 해방 공간에서 농민조합, 인민위원회, 당이 순식간에 재건된 것은 20~30년대의 이러한 활동이 있었기 때문이다. 그런 의미에서 흔히 이야기되듯이 30년대를 암흑기라고 재단하는 건, 다시 생각해볼 일이 아닐까?

되살아난 유령
1960년 벨기에 총파업, 1968년 프랑스 총파업, 1969년 이탈리아
'뜨거운 가을'

제 2차 세계대전이 끝난 뒤 서구 세계에서 전쟁 전의 그 숱한 파업 물결은 이제 먼 과거의 일처럼 여겨졌다. 이들 나라의 노동계급은 60년대까지 계속된 장기호황을 통해 실질임금이 상승하는 전례 없는 '진보'를 맛보면서 예전과는 완전히 다른 모습을 보여주는 듯했다. 앞 장에서 말한 것과 같은 미국 노동자들의 모습이 선진 자본주의 나라 노동자들의 전형으로 등장했다. 계급투쟁의 종식, 이데올로기의 종언이 선언됐다. 어떤 이는 이제 자본주의라는 말보다는 산업사회라는 말이 어울린다고 주장했다. 하지만, 늘 그렇듯이, 진단은 너무 성급했다.

1960년 12월의 벨기에는 장막이 찢어지는 진실의 첫 번째 순간이었다. 그리고 여기에는 선진국 계급투쟁과 제3세계 민족해방운동 사이의 변증법이라는 새로운 현실이 작용했다. 1960년 벨기에는 경제위기에 내몰리게 되는데, 이것의 중요한 원인 중 하나는 민족해방운동의 가열로 인한 벨기에령 콩고(구 자이레)의 독립이었다. 중도 우파가 이끌던 당시 벨기에 정부는 이를 세금 인상, 실업자 수당 축소, 공공지출 삭감 같은 노동계급 쪽의 고통전담으로 풀려 했다. 정부의 이러한 조치는 1960년대 말부터 경제적 압박을 받기 시작하면서 선진 각국 정부가 택했던 사회복지의 해체와 실질임금 삭감 정책의 선구였다. 그리고 이에 대한 벨기에 노동자들의 대응은 총파업이었다. 한동안 낡은 세대의 추억으로 치부되던 파업 물결이 다시금 역사의 전면에 등장한 것이다.

전후 체제의 한 버팀목이었던 사회당과 벨기에 노총(FGTB)은 비록 정부 정책들에 대해 반대하긴 했지만, 이를 총파업이라는 수단으로 대응하는 것에는 주저했다. 이들은 여전히 지난 십수년간의 타협의 틀 안에서 문제를 해결하려 했다. 하지만 이런 주류 좌파의 태도가 오히려 총파업이라는 직접행동 쪽으로 향해 가는 노동자들의 선택을 부추겼다. 12월 20일에 시작된 파업은 노조의 명령보다는 기층 노동자들의 선도로 이뤄졌고, 새로이 구성된 파업위원회들이 주요 공업지역의 권력 중심으로 떠올랐다.

그리고 투쟁 대오 내에서는, 생존권 요구를 기반으로 시작된 총파업을 체제의 핵심을 건드리는 구조개혁의 출발점으로 발전시킨다는 대담한 전략이 제기되기도 했다. 『라 고셰 *La Gauche*』('좌파'라는 뜻)라는 신문을 내던 사회당 좌파와 청년 사회주의자 Jeunes Gardes Socialistes라는 그룹이 그들이었다. 이들 그룹의 이론적 리더인 에르네스트 만델 Ernest Mandel은 정부의 반동개혁에 대한 저항에 군비축소, 에너지 산업 국유화, 완전고용 실현을 위한 계획경제 실시, 국가보건제도 도입 같은 급진적인 개혁 요구를 연결시키려 했다.

"벨기에 노동운동 좌파가 창안하고 서서히 모든 유럽 자본주의 나라의 좌파 노동운동이 받아들인 구조개혁 전략은 대중의 자생적인 열망들과, 객관적으로 자본주의 체제 자체에 대해 의문을 제기할 수밖에 없게 만드는 투쟁 목표가 서로 통합되도록 만들려는 데 핵심이 있다. 이는 노동자운동이 그 일상투쟁 속에서 즉각적 목표를 위한 투쟁을 이행적 목표를 위한 투쟁과 결합시켜야 함을 의미한다. 이는 국유화를 주장하고, 작업장 위계제에 의문을 제기하며, 기업의 회계장부에 대한 공개를 주장하고, 제도화의 가능성에 구속받지 않으면서 노동자 통제를 압박하는 노선이다."

이들은 총파업을 이러한 전략을 실현할 투쟁으로 발전시키기 위해 파업 노동자들이 산업지대인 왈롱 지역으로부터 수도인 브뤼셀로 행진을 벌일 것을 제시했다. 하지만 브뤼셀 행진의 결행이 미뤄지면서 상황은 급격하게 반전됐다. 1월 6일 두 명의 노동자가 살해되는 사태가 벌어지면서 오히려 작업장으로 복귀하는 노동자들이 나타나기 시작했다. 이런 상황에서 1월 10일 사회당은 투

1968년 5월 30일 프랑스, 샹젤리제를 가득 메운 시위 물결

쟁의 불을 지핀 애초의 정부 개혁안을 일부 수정하는 것으로 총파업을 접을 수 있다는 신호를 보냈다. 노동 측의 후퇴가 분명해지자 정부의 탄압의 칼날은 보다 예리해져서 1월 16일 또 한 명의 노동자 사상자가 발생하고 결국 21일에 총파업은 완전히 종식됐다. 벨기에 노동자들이 얻은 것은 다음 선거에서 별로 개혁적일 것도 없는 사회당-중도우파 연립정부가 들어선 것뿐이었다. 하지만 이야기는 이것으로 끝이 아니다.

일단 벨기에에서 모습을 드러낸 아래로부터의 자발적 총파업은 8년 뒤 프랑스에서 다시 극적인 모습으로 돌출했다. 이번에는 제3세계 민족해방운동과 선진 자본주의 국가의 학생운동, 노동운동 사이의 삼중주였다.

1968년 3월 22일 파리대학 낭테르 분교에서 미 제국주의의 베트남 학살전에 반대하는 소수 학생들의 시위가 경찰의 폭력적인 진압에 맞닥뜨리면서 전혀 예기치 않은 사태가 벌어졌다. 드골 정권의 권위주의적 통치와, 전후 호황이 낳은 소비자본주의에 대한 반감을 가슴 깊은 곳에 쌓아두던 프랑스 대학생들은 낭테르 분교에 경찰이 진입하고 학교가 폐쇄되는 것을 목격하면서 드디어 폭발의 호기를 찾았다. 낭테르 분교 사태에 항의하는 집회가 벌어지던 5월 3일의 소르본느 본교 교정에 다시금 경찰이 진입하자 대학생들은 대학가인 카르체 라탱에서 밤새 투석전을 벌였다.

이후 한 달 동안 파리 시내 곳곳에는 바리케이드가 쳐졌고, 매일 밤 화염병과 최루탄이 밤하늘을 수놓았다. 앞서 말한 벨기에의 만델은 당시 파리에서 경제학을 강의하고 있었는데, 길 한 켠에 세워놓은 자신의 폭스바겐이 시위대에 의해 불타오르는 것을 보고서는 "혁명은 이렇게 하는 거야!"라고 외치면서 만세를 불렀다고 한다.

하지만 체제를 뒤흔든 것은 이러한 대학생들의 반란만은 아니었다. 거리의 반란에 화답하여 일어선 천만 노동자의 총파업이 있었다. 학생반란 자체를 대중파업의 시발점으로 본다면 이는 완전히 예전의 대중파업 양상의 재연이었다. 노동조합 기층에서 학생들의 투쟁에 동참하자는 목소리가 빗발치자 이제까지 사태를 방관하고 있던 3대 노동조합연맹(CGT, CFDT, FO)도 13일 총파업 명령을 내리지 않을 수 없었다. 파업 참여자는 천만 명을 헤아렸으며, 이는 프랑스 산업노동자의 거의 전부를 포괄하는 것이었다. 이후 파업은 6월 초까지 계속됐고, 어떤 지역에서는 공장점거가 감행되기도 했다.

그러나 5월 28일 데모에서 학생 시위대와 CGT의 시위대가 서로 따로 행진했던 것에서 알 수 있듯이 노동운동 지도부와 급진적인 학생 정파들은 투쟁의 목표에 대해 공유하는 바가 적었다. 공산당은 투쟁의 열기를 아래로부터의 근본적 개혁의 시동으로 발전시키려는 계획을 전혀 지니지 못했고, 오히려 어떻게 하면 투쟁을 빨리 접고 정부가 약속한 조기 총선에서 성과를 거둘지만을 고민했다. 하지만 일단 대중파업의 열기가 식자 다시 주도권을 쥔 것은 독일에 숨어 사태의 추이를 지켜보다가 의기양양하게 돌아와 학생운동 정파들에 대한 탄압에 나선 드골이었다.

그러나 이것조차 이야기의 끝은 아니다. 또다른 이야기는 프랑스에서 어이없는 패배가 빚어지던 바로 그 무렵 이탈리아에서 시작된다. 여기서는 1967년 11월부터 나라 곳곳의 대학에서 학생 반란이 시작됐다. 이탈리아 대학 제도의 문제들이 직접적인 원인이었지만, 여기에 불을 붙인 것은 이번에도 역시 베트남 등지의 민족해방운동이었다. 1968년 한 해 내내 대학가 곳곳에서 가두전 형태로 계속되던 학생들의 투쟁은 보다 고전적인 대중파업 형태에 가까운 10년간의 동요로 발전하기 시작했다.

존재이전을 감행하면서 공장 노동자들에게 다가간 급진파 학생들에게 화답하면서 노동계급이 일어서기 시작했다. 놀라운 것은, 이제까지 공산당이나 사회당의 영향력 아래 있던 노동자들이 아니라 정치적으로 미숙한 것으로 여겨지던 남부 출신 미숙련 노동자들, 가톨릭 신봉 노동자들이 투쟁의 선두에 나섰다는 것이다. 게다가 이들이 내건 요구 역시도 1919~20년의 '붉은 2년' 이래 가장 급진적인 것이었다. 이들은 '공장 내 모든 직급 노동자들의 동일임금' 같은 충격적일 만큼 평등주의적인 요구를 제기했으며, 급진 좌파의 '작업장 통제' 주장에 민감하게 반응했다.

피아트 투쟁은 그 정점이었다. 컨베이어 벨트의 속도를 높이라는 자본의 명령을 거부하면서 시작된 파업은 50일이 넘게 계속됐다. 게다가 이 투쟁이 공단 지역의 높은 주택 임대비에 반대하는 투쟁과 엇물리면서 투쟁은 도시 반란으로 발전하는 양상을 보였다. 이런 식으로 전개된 이탈리아 각 도시의 파업에 참여한 인원은 1969년 한 해에만 5백50만이었으며, 연금제도 개혁을 요구한 그

해 11월 19일의 총파업에는 무려 2천만 명이 참여했다.

1969년, 70년 두 해 동안 노동조합이 쟁취한 단협 내용들은 선진 자본주의 국가에서 노동자 세력이 쟁취한 작업장 권력의 거의 정점에 해당하는 것이었다. 특히나 주목되는 것은 산별노조의 기층 대의원들과 각 공장의 공장평의회가 일상투쟁을 주도하는 힘을 확보했다는 점이다. 바로 이 공장평의회를 기반으로 이탈리아 노동자들은 이후 10년 동안 1969년 '뜨거운 가을'의 성과를 지켜갔다. 그리고 전체 노동운동 차원에서도 아래로부터의 압력에 따라 3대 노동조합연맹인 CGIL, CISL, UIL의 사실상의 통합이 이뤄져 전국 단위의 영향력이 증대했다.

그러나, 이러한 힘은 종내 부패한 이탈리아 보수 정치를 극복하는 근본 변혁으로 이어지지는 못했다. '구조개혁'을 수행하겠다고 공약하던 이탈리아 공산당은 막상 이러한 구조개혁을 이룰 대중적 동력이 확보되자 오히려 내란의 위기를 걱정하면서 이전보다 더 타협의 정치에 골몰했다. 대중파업적 상황이 장기간 계속되던 상황에서 주류 좌파의 이러한 선택은 모처럼의 기회가 너무나 어이없는 비극으로 끝나버리도록 만들었다. (이탈리아에서 벨기에의 청년 사회주의자 그룹처럼 구조개혁 전략을 실제 실천하려한 세력은 당에서 쫓겨난 이전 공산당 좌파인 <선언 Il Manifesto> 그룹이었다.)

대중투쟁에 밀착한 급진 좌파와 의회정치에 골몰한 주류 좌파는 점차 불구대천의 원수 사이가 되어갔고, 전자가 점차 실업자운동 같은 특정 대중운동에 대한 신비주의에 몰입하거나(A. 네그리)

심지어 테러리즘으로 경도돼간 반면 후자는 사회민주주의 정당
들보다도 더 소심하게 그 어떤 실물적인 개혁도 제시할 수 없는
세력으로 전락하고 말았다. 결국 대중투쟁의 10년이 지난 뒤 80년
대에 이탈리아 사회가 마주한 것은 신자유주의의 반격이었다.

  말하자면, 대중파업이라는 유령은 되살아났다. 그러나 역사의
기회는 다시금 그 빛의 끝자락만을 살짝 비춘 채 무정하게 닫히고
말았다. 계급투쟁의 돌연한 부활이 던져준 것은, 이번에도, 안락
한 구원의 약속이 아니라 일련의 과제들이었던 것이다.

* 1960년 벨기에 총파업에 대해서는 이안 버첼, 『서유럽 사회주의의 역사 1944~
1985』(배일룡·서창현 옮김, 갈무리, 1995)의 125~129쪽이 유일한 한글 문헌이다.
1968년 프랑스 5월 반란에 대해서는, 비록 절판되기는 했지만, 편집부 엮음, 『프랑
스 5월혁명』(백산서당, 1985)이 풍성한 자료를 제시하고 있다. 1960년대 말부터
1980년대 초까지 이탈리아의 투쟁사로는, 토비아스 압세, 「이탈리아 공산당 심판」
(『읽을꺼리』 5호, http://copyle.jinbo.net)을 참고할 수 있다. 이 글과는 다른 시각에서
씌어진 것으로는 윤수종, 「이탈리아의 아우토노미아 운동」, 『이론』 14호(1996년
봄)과, 쎄르지오 볼로냐 외, 『이딸리아 자율주의 정치철학 - I』(윤수종 옮김, 갈무
리, 1997)에 실린 글들이 있다. 필립 암스트롱 외, 『1945년 이후의 자본주의』(김수
행 옮김, 동아출판사, 1993)에는 거시적인 분석과 함께 1960년대 말의 개별 투쟁들
에 대한 서술도 나온다.

해방 이후 최초의 전국적 총파업
1946년 9월 총파업

96 ~97 총파업의 기억을 되살리는 것으로 이야기를 시작해보자. 그것은 한국전쟁 이후 최초의 전국적 총파업이었다. 전쟁을 통해 공고화된 두터운 얼음층을 깨고 노동자도 존엄한 인간임을 외친 전태일 열사의 뜻을 따라 남한을 민주노조의 깃발로 뒤덮은 87년 대투쟁 후 10년 만에 다시 솟구쳐나온 노동자들의 정치선언, 96~97 총파업은 바로 그것이었다. 그런데 남한 전체를 뒤흔든 전국적 총파업은 그것 말고도 하나 더 있다. 해방 직후의 활력이 상당 부분 온존해 있던 전쟁 이전에 발생했던 46년 9월 총파업. 이제, 대개의 경우 이름 한 번 정도는 들어보았겠지만 그 실체에 대해서는 잘 알고 있지 못한 이 사건을 살펴보자.

해방과 함께 성난 파도와 같이 민중이 전면에 진출하면서 남한 사회 전체의 질서를 그때까지와는 전혀 다른 방식으로 새롭게 구축하는 데 성공하는 듯했으나 9월 초에 진주한 미군이 그것을 전면적으로 부정하는 '체계적 반혁명' 정책으로 일관하면서 상황은 전면적으로 변화하게 된다. 45년 말~46년 초의 탁치논쟁에서 『동아일보』를 중심으로 대규모의 여론조작이 행해지면서 해방공간의 사회적 논쟁 구도가 왜곡되고, 미군정에 의해 '만들어진 우익'들이 곳곳에서 백색테러를 가하고, 그에 이어 제1차 미소공위가 결렬되고 미군정의 탄압이 더욱 노골적으로 되면서(박헌영에 대한 체포령도 이때 떨어진다) 조선공산당이 활용할 수 있는 합법 공간이 크게 위축되던 46년 7월, 조공은 미군정에 대해 이전의 협조노선에서 '방어적 폭력'이라는 명분의 투쟁노선으로 방침 전환을 하게 된다. 이러한 신전술 채택은 조공과 긴밀한 관계를 맺고 있던 전평에도 영향을 주어, 46년 8월 전평 중앙 역시 파업보다는 산업건설을 위한 협력을 강조하던 이전 노선의 우편향에 대해 자기비판하고 투쟁노선으로 전환한다. 그리고 이처럼 좌익이 미군정(과 그에 빌붙은 세력들)에 맞서 전면적인 대결 분위기로 전환한 지 한 달 후 역사적인 9월 총파업이 발발하고 그것은 또한 10월 인민항쟁으로 이어지게 되는 것에서도 알 수 있듯이, 7월 말 신전술로 전환한 것은 9월 총파업의 발발과 일정한 관련을 맺고 있음이 분명하다.

하지만 9월 총파업의 발발과 관련된 모든 것을 신전술로의 전환으로 돌려버리는 것은 곤란하다. 9월 총파업이 7·8월에 준비되고 조공 중앙의 신전술에 의한 '지령'에 의해 발생했다는 식의 주장(총파업 지령설/계획설)은 몇 가지 점에서 그대로 받아들이기 어렵다. 신전술로의 전환 이후 기존의 협력노선을 대신할 새로운 전략전술을 공식적으로 전국의 활동가들과 논의하기 위해 전국대회를 9월 말로 예정하고 그것을 준비하던 전평이 과연 7·8월에 아직 공식적·전국적 검증을 받지 않았던 그 노선에 근거하여 총파업을 준비했을까 하는 의구심이 든다는 점, 조공 중앙이 8월 말에 내려보낸 '9월 투쟁지침'에 총파업 관련 언급이 전혀 없다는 점, 그리고 무엇보다도 총파업의 전개과정 자체에 지령설/계획설과 맞지 않는 요소가 많다는 점 등에서 그러하다. 그럼 9월 총파업을 전후한 시기의 상황과 파업의 진행과정, 당시 노동자들의 사회경제적 조건을 구체적으로 살펴보면서 이 문제를 검토해 보도록 하자.

당시 남한에서는 전국적으로 20여 건의 개별 파업들이 벌어지고 있었고 농민들 역시 7월부터 하곡수집반대투쟁(45년 말, 왜곡된 유통구조를 무시하고 미곡 자유시장 정책을 폈다가 크게 실패했던 미군정은 이후 일제 때와 유사한 강제공출제로 정책을 전환했는데, 추곡뿐만 아니라 일제 시기에도 손대지 않았던 하곡까지 강제공출하려 했기 때문에 농민들의 반발이 매우 심했다)을 격렬하게 벌이고 있었는데, 이러한 상황은 9월 총파업이 본격적으로 발발하기 직전까지 지속되고 있었다. 9월 23일 부산 철도노동자들이 일급제 반대와 식량 배급 등 경제적 수준의 요구를 내걸고 전면파업에 들어가면서 불이 붙은 9월 총파업은, 부산 철도 파업

1946년 9월 철도노동자들의 파업

에 영향받은 서울의 철도노동자들이 9월 24일 총파업을 단행하고 25일엔 출판노동자들이 그 뒤를 이어 파업에 돌입하는 등 다른 부문·지역의 노동자들로 파업이 확산되면서 두 번째 국면으로 넘어가게 된다. 첫 번째 국면과 달리 두 번째 국면에서는 전평이 개입하여 정치적 요구(구속인사 석방, 정간된 세 신문의 복간, 북한과 같은 민주주의적 노동법령 실시 등)를 경제적 요구와 함께 제시하게 된다. 두 번째 국면에서 중추적인 역할을 하던 서울의 파업이 30일을 전후하여 끝이 나고, 10월 1일 발생한 대구에서의 항쟁을 계기로 총파업과 인민항쟁이 결합되면서 파업은 세 번째 국면으로 넘어가게 되는데, 이때는 주로 부산, 대구, 광주를 중심으로 한 지방 수준에서 고립분산적인 형태로 10월 말경까지 지속된다.

이러한 전개과정에서도 드러나듯이, 총파업 발발의 계기였던 부산 철도노조 파업의 경우 전평·조공의 조직적 개입은 거의 없었던 것으로 보이며, 두 번째 국면에서 다른 지역에 비해 조직적으로 개입한 것으로 보이는 서울에서도 철도노조의 경우 3개 이상의 파업투쟁위원회가 따로 만들어졌다가 나중에 통일되는 등 철저한 사전준비와 지령에 의해 발생했다고 보기 어려운 요소들이 많이 나타난다. 그뿐 아니라 당시 전평이 산별노조 10개의 전국조직이었음에도 불구하고 산별노조의 조직체계를 통해 노동자들을 동원하는 데 성공한 것은 철도, 출판 등 일부뿐이었고 나머지 부문은 산별노조의 조직체계에 의거해 노조가 중심이 되기보다는 지역 단위를 중심으로 한 파업투쟁본부를 구성하여 움직였다는 점

에서도 조공·전평 중앙이 사전에 철저히 준비한 후 지령을 내려
서 9월 총파업을 일으켰다는 주장은 사실과 달라 보인다.

　전체적으로 보았을 때 9월 총파업은 부산 철도노동자들의 자생
적 파업에 전평·조공이 개입하면서 전국적인 총파업으로 발전한
것이라 할 수 있으며, 전평은 식량문제 해결 및 노동조건 개선
요구 중심이던 파업을 정치적인 파업으로 전환시키려는 의도를
갖고 있었다고 할 수 있다. 하지만 전평이 주장한 정치적 요구사항
들은 주력을 이루던 출판을 비롯한 몇 개 부문에서만 주요 사안으
로 채택되었을 뿐 그 외 대부분의 경우에는 여전히 경제적 요구가
중심을 이루었던 것에서 알 수 있듯이, 전평 중앙과 지역의 노조
및 일반노동자들 사이에는 일정한 간극이 존재하고 있었다. 그래
서일까? 실제로 총파업 기간의 대부분 동안 전평 중앙에 의해
지방의 투쟁이 조절되기보다는 지역 자체적으로 조절하는 경우
가 더 많았고, 일부 지역의 경우(특히 부산) 9월 말 중앙의 파업종
결 방침에 반발하면서 10월 말 2차 총파업이라는 독자적인 계획
을 잡기도 했다.

　그리고 여기에는 무시할 수 없는 요인이 하나 있었으니, '조공
내부의 분파 갈등 문제'가 바로 그것이다. 제1차 미소공위 결렬
직후 미군정이 좌우합작에 일정하게 힘을 실어주면서 중도좌파
를 좌익진영에서 떼어내려 함에 따라 박헌영 세력(간부파, 대회반
대파)은 조공과 백남운의 신민당 및 여운형의 인민당 등 3당 합당
을 통해 좌익블록의 결속을 강화하려 했는데, 이때 조공 내의 반
反박헌영 세력(대회파)은 그간 박헌영의 당 운영 행태에 대해 비

판(지나친 자파중심 및 비민주적 운영)하면서 정식으로 당대회를 개최하여 합당문제 등을 논의할 것을 요구했고, 9월 총파업이 진행중이던 9월 28일 서울에 모여 당대회 준비위원회를 개최하게 된다. 이처럼 내부의 갈등이 격심한 상황에서 총파업이 전국적으로 일사분란하게 진행되기를 기대하는 건 어쩌면 처음부터 무리였을 수도 있다.

이 부분(예를 들면 박헌영이 당대회 개최를 막기 위해 파업을 강행했는가라든가 과연 어느 쪽이 옳았는가 등)에 관해서는 대립되는 주장들이 많이 나오고 있기 때문에 여기에서 그 모든 것에 대해 딱 잘라 말하기는 어렵지만, 한 가지 조심스럽게 말할 수 있는 사항은, '박헌영 세력이 주도하던 지역=적극적 파업 참가, 반박헌영 세력이 주도하던 지역=파업 방해 및 불참'이라는 식의 단순구도를 '일률적으로' 적용하기 어렵다는 것이다. 물론 실제로 반박헌영 세력이 주도하던 노조에서 중앙의 지침에 대해 소극적으로 임하거나 심지어 그에 반대하는 경우들도 있었던 건 사실이지만, 대회파의 주요 근거지들에서도 파업이 오랫동안 지속되는 경우들(대표적으로 부산)이 많이 보이는 데서도 알 수 있듯이 그런 단순 구도는 적합하지 않은 듯하다. 그보다는 당시 미군정과 극우친일 세력에 의한 체계적 반혁명이 전면화되었을 뿐 아니라 경제적으로도 식량문제가 매우 심각한 상태였기 때문에 전국 방방곡곡에서 파업의 물결이 이어질 수 있었고, 그런 상황에서는 조공 중앙과 직접적으로 연결된 세력이든 그에 반대하는 세력이든 간에 노동자들의 투쟁에 결합할 수밖에 없었으며, 다만 조공 중앙과 알력이 있는 세력이 주도하는 지역에서는 중앙과는 다른 나름의 지침으로 움직일 개연성이 더 크긴 했지만, 이런 현상은 조공·전평 중앙이 투쟁을 전국적으로 조절할 수 없었던 당시 상황에서 대회파 근거지에만 국한되기보다는 간부파가 주도하는 지방에서도 어느 정도 그럴 수밖에 없는 측면이 있었기 때문에, 당시 각 지역의 투쟁이 전국적으로 동시에 벌어지는 공동행동으로 이어지기보다는 고립적이고 산발적인 형태로 긴 기간에 걸쳐 벌어지면서 파업의 강도와 집중력이 낮아졌다고 보는 편이 더 적합할듯 하다. 아울러 당시 미군정의 힘이 집중되어 있던 서울에 비해 미군정의 장악력이 상대적으로 더 낮던 지방의 경우, 그 지역의 공산당원들이 노동자들의 투쟁에 결합하는 기간과 강도에서 서울보다 앞섰으며 교통·통신이 그리 발달하지 않은 상황이었기 때문에 투쟁이 서울보다 오래 지속될 수 있었다는 점도 기억할 필요가 있다.

9월 총파업에서 10월 인민항쟁으로 이어지면서 해방 공간에서 가장 고조된 상태로 분출했던 대중운동은 미군정이 경제적 요구조건을 부분적으로 수용하는 것으로 귀결되었다. 그리고 이러한 경제적 요구조건의 수용이 미군정–전평 교섭에 의한 전국적 차원에서 이루어진 것이 아니라 주로 개별 사업장별로 이루어진 것에서도, 그 이전부터 지니고 있던 약점에 더하여 투쟁을 거치면서 대중적 기반이 약화된 전평의 모습이 드러난다.

자, 그렇다면 이제 이러한 9월 총파업을 어떻게 평가해야 할 것인가? 조공의 조급한 모험주의적 폭동 전술로 인해 운동의 역량만 손상되었다는 주장은, 분명 일말의 진실을 담고 있긴 하지만, 지금까지 검토한 대로 지령/계획이 중요한 비중을 차지한다고 보기 어렵다는 점 그리고 이러한 주장들에는 대개 조공—남로당—박헌영에 대한 일방적 폄하가 전제되어 있는 경우가 많다는 점에서 그대로 받아들이기 어렵다. 또다른 평가방식은 10월 인민항쟁의 전사 前史로 자리매김하는 것일 터인데, 두 투쟁의 연속성과 결합의 측면은 제대로 짚어냈다고 할 수 있지만, 그렇게만 바라볼 경우 당시 노동운동의 내재적 조건과 노동자들의 지향 및 총파업 자체의 의의가 불분명해질 위험을 안고 있다. 여기에서 그 의의에 대해 한마디로 정리할 수는 없다. 필자의 역량이 부족하기도 하지만, 중요한 이유 중 하나는 미군정—조공—전평—노동자들 등 다양한 관계와 맥락을 풍부하게 바라보기에는 아직 베일에 가려져 있는 부분이 많기 때문이다. 그런 의미에서 '실패한 투쟁'이라는 결과론적 해석이나 특정한 정치적 입장을 견지한 채 음모론적으로 바라보는 방식, 그리고 '조공·전평 지도부의 오류→그러므로 총파업 자체의 의의 부정'이라는 식의 선입견은 해방 이후 최초의 전국적 총파업의 의의에 대해 눈감게 만든다는 점에 유의할 필요가 있다.

마지막으로 한 가지만 더 지적하자면, 이 투쟁들은 노농동맹이라는 고전적인 명제의 실현이, 그 타당성 여부와는 별개로 만만치 않은 일임을 보여준다. 특히 인민항쟁과 결합되는 시기부터 공장을 박차고 나온 노동자들과 농민들은 손을 맞잡고 미군정에 식량을 요구하고 친일 경찰을 몰아낼 것을 외쳤지만, 이 당시 노동자

파업과 농민들의 투쟁은 시간이 지날수록 결합되기 어려운 측면이 많았다. 간단히 말해서 노농동맹을 가능하게 했던 것이 식량요구 파업의 대중성이었지만 동시에 그 결합을 유지하기 어렵게 만드는 내적 요소 또한 바로 그것이었다. 공출반대를 요구하는 농민과 식량배급 확대를 주장하는 노동자들의 요구를 어떻게 조화시킬 것인가는 당시 조공의 역량을 가늠해 볼 수 있는 중요 사안이었다. 물론 역사에서는 그 내적 차이가 전면적 갈등으로 번지기 전에 투쟁이 수그러들었고 조공 역시 각각에게 기존의 요구들을 계속 내걸게 하는 것 이상의 정치적 역량을 보여주지 못했다. 고전적 노농동맹을 그대로 받아안기엔 시대가 변했지만, 조공의 '정치'의 문제는 지금 우리와 무관한 사항만은 아니지 않을까?

파업 투쟁의 물결 속에서 당이 탄생하다
1978, 79년 브라질 대중파업과 노동자당의 탄생

자본주의 사회는 노동자들의 삶에 두 개의 극단적으로 대비되는 풍경을 만들어낸다. 하나는 아침마다 무표정한 얼굴로 일터를 향하는 회색빛 군중의 모습이고, 다른 하나는 동일한 출연자들이 플래카드와 깃발을 들고 마치 축제라도 벌이는 듯 거리를 메우는 모습이다. 자본주의라는 전사 前史를 하루빨리 끝장내고 싶어하는 사람들은 어떻게 하면 후자가 전자를 압도하는 일상의 힘으로 나타날지를 고민한다. 그러나, 지금까지 역사가 보여준 것처럼 이는 결코 쉬운 문제가 아니다. 한창 파업 물결의 파고가 정점에 이르렀을 때 그 에너지의 일부나마 보존하려는 노력마저도 수월하지는 않았던 것이다.

60년대 말부터 시작된 서유럽의 파업 물결은 1974년 무렵 자본주의의 세계적 불황을 또다시 맞이하면서 자본주의 극복이라는 새로운 도전으로 나아가기는커녕 오히려 체제의 반격에 밀리는 모습을 보이기 시작했다. 산업투쟁이 가장 활발하게 벌어진 영국과 이탈리아에서 노동운동 세력은 시장지상주의의 공세에 무력하게 굴복했다. 이들 나라의 좌파 정치세력 내에서 이에 적극적으로 저항하려는 세력이 전혀 없었던 것은 아니지만, 좌파 정당의 주류는 대체로 항복을 강요하거나 부채질하는 형편이었다. 하지만 지구의 다른 곳에서 투쟁은 새로운 시작을 맞이하고 있었다. 그 맨, 앞에 브라질이 있었다.

1970년대 내내 브라질은 군사독재에서 벗어나지 못하고 있었다. 1964년 굴라르 민족주의 정권을 뒤집고 들어선 군부독재체제가 대통령직을 차지한 장군들의 이름을 바꿔가며 20년 가까이 계속되고 있었던 것이다. 비록 60년대에는 카스트로주의나 마오주의에 기반한 치열한 게릴라 투쟁이 있었지만, 이는 모두 실패로 끝났다. 1977년쯤 되어서는 오직 가톨릭 교회만이 군부독재체제의 유일한 대항자로 남아 있는 상황이었고, 군부독재에 대한 직접 대결보다는 이들과의 타협을 더 선호하는 소부르주아 세력이 브라질민주운동당(PMDB)을 통해 민주화운동의 헤게모니를 쥐었다.

아무도 노동자들이 저항의 선봉에 나서리라고는 예상하지 못했다. 지금은 브라질의 2선 대통령이 되어 우리 대통령과 함께 제3세계 신자유주의의 기수로 추앙받고 있는 카르두수는 70년대 당시 브라질 재야세력의 핵심 이데올로그였는데, 그의 분석에 따르면 노동자 세력은 가장 마지막에야 반군사정권투쟁에 나설 사회 집단이었다. 이는 흔히 브라질의 기적이라 불리는 60년대 말, 70년대 초 경제성장의 국물이 노동자들에게 실제 떨어졌기 때문은 결코 아니었다. 그보다는 1942년에 도입된 국가 종속적 노동법 (통합브라질노동법, CLT)에 의한 고도의 노동통제체제가 문제였다. 이 법에 따라 모든 브라질 노동조합은 노동부에 의해 승인을 얻고 나서야 합법성을 얻을 수 있었다. 노동부는 해마다 노동자 한 사람당 하루 임금에 해당하는 노동조합세를 거두었고, 이 자금의 80퍼센트는 노동조합에 배분되고 나머지는 국고에 귀속됐다. 이 때문에 노동조합이 살아남기 위해서는 회사와의 협상보다도 정부와의 타협이 일차적으로 중요했다. 이에 더해 노동부는 노동조합 간부의 직위를 해제하고 노동조합을 폐쇄할 수도 있었다. 또한 정부는 노동법원을 통해 파업의 합법성을 좌지우지할 수 있었고 단협 결과도 통제할 수 있었다.

이 노동통제체제는 단순히 억압적이기만 한 것은 아니었다. 이는 노동조합 내의 두터운 관료층의 형성을 통해서도 작동했다. CLT에 의해 구축된 노동관료제에는 수많은 한직들이 존재했다. 이들 자리를 차고 앉은 노조 관료들은 정부 지원금을 바탕으로 내륙의 수도 브라질리아에 거대한 노조 센터를 건설했다. 연안의 산업도시에서 노동자들이 실제 어떤 생활을 하고 있는지는 이들에게는 중요한 문제가 아니었다.

브라질의 노동운동 지도자 '룰라'

하지만 가톨릭 교회를 중심으로 한 저항적 분위기의 영향 아래 노조 지도자들의 일부에서 각성의 움직임이 일기 시작했다. 이들은 가족사적으로 공산당이나 마오주의, 카스트로주의 같은 구좌파의 영향을 받은 경우가 없지 않았지만, 일단은 조직 좌파와 별다른 연관을 맺지 않은 이들이었다. 하지만 이들은 군사정권에 의해 유지되고 있었던 노동통제체제에 대해서는 뚜렷한 비판의식을 지니고 있었다.

이들이 중요하게 여긴 것은 정부 및 노동법원의 개입이 없는 노동자와 기업주 사이의 직접적인 교섭, 단위 현장의 노동조합위원회 결성 및 노동조합 대표자 승인, 노동부로부터 노동조합의 자율성 획득, 파업권 확보 등이었다. 이러한 주장을 지지하는 신진 노동운동 지도자들을 '순수파'[우리식으로 표현하면 '진짜 노동자파']라 불렀는데, 이들 지도자 중에는 프레스에 한 손가락을 잃은 사웅베르나르두 자동차 공업단지의 젊은 금속노동조합 지도자 이나시오 다 실바(일명 '룰라')도 있었다.

조금씩 끓어오르기 시작하던 노동자들에게 기름을 들이부은 것은 불황이 가속화되던 1977년에—당시의 불황은 박정희 정권 말기 한국에 불어닥친 중화학공업 위기와도 일정한 연관을 갖는 것이었다—폭로된 세계은행 비밀 보고서였다. 이 비밀 보고서는 군부 정권이 공식적인 인플레 수치를 조작해왔음을 밝혀주었다. 정권은 1973년에 생계비가 14.9퍼센트 상승했다고 주장했지만, 보고서는 실제 수치가 22.5퍼센트에 이름을 보여주었다. 이는 1973년과 1974년 사이에 34.1퍼센트에 달하는 실질임금 하락이 있었다는 의미였다. 이제까지 생산성의 지속적인 상승에도 불구하고 왜 생활 형편은 더욱 나빠지기만 할까를 고민하던 '순수파' 지도자들은 이를 투쟁의 계기로 십분 활용했다.

처음에는 캠페인성의 활동이 계속됐다. 하지만 1978년에 룰라의 주도로 사웅베르나르두에서 자동차공장 파업이 벌어지면서 예기치 않은 파업의 물결이 밀어닥쳤다. 인플레율을 상회하는 20퍼센트의 임금인상과 정부 및 노동법원의 개입 없는 직접 협상을 요구한 이 파업은 금새 공단 내의 다른 자동차공장으로 퍼졌고, 2주가 지나자 8만 명의 노동자들이 공장점거 파업에 나섰다. 서슬 퍼런 군사정권조차 느닷없는 파업 물결 앞에서는 힘을 잃었다. 결국 그 해 5월 31일 기업주들은 노동조합의 요구를 모두 받아들였다. 이러한 승리는 브라질의 다른 산업 지역에 파업의 연쇄 효과를 낳았다. 그 해 말에는 브라질 6개 주에서 50만 명의 노동자들이 임금인상을 요구하는 파업을 벌였다. 이제 이는 다음 해까지 계속되는 하나의 도도한 흐름이었다.

1979년 3월 사웅베르나르두의 금속노동조합은 그 달 13일을 기해 총파업을 벌일 것을 선언했다. 이 파업은 즉각 노동법원의 불법 판결을 받았지만, 비 오는 날 축구 경기장에 모여 파업의 결의를 다진 8만여 노동자들의 의지는 그것으로 꺾일 수 없었다. 단순한 엄포로는 파업을 막을 수 없다는 것을 깨달은 정부와 사측은 폭력 진압으로 대처하기 시작했다. 이는 일시적으로 파업 대오를 교란시켜 애초의 요구에 못미치는 15퍼센트 임금인상으로 투쟁을 종결시키는 듯이 보였다. 그러나 3월의 타협에 만족하지 못한 노동자들은 6개월 뒤 파업을 재개했다. 이제 파업은 브라질 역사상 유례없는 대중파업의 양상으로 나타났다. 1979년 한 해 동안 총 1백13건의 총파업이 벌어졌고 15개 주에 걸쳐 연인원 3천2백만 명이 이에 참여했다.

이러한 파업 물결의 한 가운데에서 1979년 초 사웅파울루에서 열린 금속·기계·전기 노동자 대회는 노동자계급의 독자적인 대중정당을 건설하자는 결의안을 논의했다. 당시에 이 결의안은 공식적으로 부결되었지만, '순수파' 노동조합 지도자들은 노동자정당 건설의 의지를 누그러뜨리지 않았다. 이들은 총파업 과정에서 정치권에는 친노동자 세력이 하나도 존재하지 않음을, 심지어는 PMDB마저도 노동계급에 대해서는 군부독재정권과 같은 목소리를 내고 있음을 너무도 절실히 확인했던 것이다. 결국 9개월간의 치열한 논의와 조직화 뒤에 1980년 2월 노동자당 Partido dos Trabalhadores(PT)의 창당대회가 열린다. 다소 억지스러운 출발이었지만, 지금 아무도 그 시작을 불평하지는 않는다.

파업 물결은 창당 이후에도 계속됐다. 1980년 4월 1일에는 사웅베르나르두 ABC 공단의 전체 노동자 20만 명이 주 40시간으로의 노동시간 단축, 고용안정 보장 및 임금인상을 요구하면서 파업을 벌였다. 파업 집회 장소였던 축구장 상공에서는 기관총을 단 헬리콥터가 위협을 가했고 룰라를 비롯한 1천7백여 노동조합 간부가 체포됐지만, 파업은 쉽게 끝나지 않았다.

51일 만에 파업은 종결됐지만 일터로 돌아가는 노동자들의 발

길이 결코 패배로 상처받은 것만으로는 보이지 않았다. 이들에게
는 자신들의 조직이 있었다. 그 조직에는 자신들의 지도자가 있었
고, 자신들의 이념이, 아니 고된 노동으로만 환원되지 않는 자신
들의 또다른 삶이 있었다.

　이후 노동자당의 행보에 대해서는 평가가 엇갈린다. 다양한 좌
파 정파들의 공존 속에 대중운동의 생명력에 기반하여 전체 민중
의 미래를 열어나가는 이 당의 모습을 사회민주당이나 공산당과
는 구분되는 새로운 실험으로 반기는 이들이 있는가 하면, 독일
사회민주당 등의 다른 노동자 대중정당 사례와 별반 다르지 않은
것으로 폄하하는 이들도 있다.

　하지만 새삼스레 이러한 논쟁이 필요할 정도로 이 당에 어떤
독특함이 존재하는 것만은 사실이라면, 이는 분명 대중파업의 열
기 속에 건설된 이 당의 태생과 무관하지 않을 것이다. PT를 두고
한 진보적 정치학자가 표현한 대로, 대중파업이라는 노동자·민중
의 축제 속에서 건설된 이 당은 "브라질 민중들의 일상적인 정치
적 축제"인 것이다.

* 에밀 사데르와 켄 실버스타인의 책 『브라질 노동자당과 룰라』(금강, 1994)에는
노동자당의 탄생 과정뿐만 아니라 그 배경이 되는 새로운 노동조합운동의 등장에
대해서도 비교적 상세히 다루고 있다. 이 책은 최근 책갈피출판사를 통해 재출간
될 것이라고 한다. 조돈문, 「브라질 노동운동의 역사적 변천」, 『동향과 전망』 20호
(1993)도 도움이 된다.

어둠의 시대를 정화한 여성 노동자들
1970년대 민주노조운동

전태일로 시작되어 유신의 종말을 알리는 한 방의 총소리로 그 막을 내려버린 70년대. 걸핏하면 긴급조치란 걸 내려먹이면서 사람들을 괴롭히던 독재자는 노동부문에 대해서도, 쿠데타 직후 중정을 시켜 만들어놓은 한국노총이라는 어용단체에게 극히 제한적으로나마 입법청원 등의 활동을 허용하면서 노동자들의 요구를 듣는 시늉이나마 하던 60년대와 달리, 70년대에 들어서는 그나마의 활동까지도 완전히 금지시킨 후 한국노총의 어용 핵심들에게 통일주체국민회의의 대의원이란 감투를 씌워 다독이는 척했다. 이런 와중에 아무도 인정해 주지 않는 자칭 노동자들의 최고조직인 한국노총에게는 아무 것도 기대할 수 없었다. 도움은

안 바라니 제발 방해만 하지 말아 달라는, 최소한의 요구조차 받아들일 수 없는 곳이 바로 한국노총이었다. 한국노총의 탄생 과정과 이후의 행보를 살펴보았을 때, 이는 어쩌면 당연한 일이기도 했다. 한국노총은 해방 직후 노동자들의 열망의 집합체였던 전평이라는 자주적 노동운동단체에게 백색테러를 가하면서 성장했던 대한노총의 뒤를 이었다. 그래도 상대적으로 나았던 대한노총 내의 혁신파(이들은 정치적으로 중도파와 연결되어 있었다)들이 전쟁을 거치면서 완전히 제거되면서 상태가 더 악화된 데 더해, 남아있던 부류들 중에서 철저히 자신의 정치적 야망을 위해 노동운동을 이용하려고 했기에 역시 거지발싸개 같은 존재이긴 마찬가지였지만 바로 그 야망을 위해 정치권력으로부터 약간의 거리를 유지하면서 노동자들에 대한 일정한 양보조치를 얻어내고자 했던 전진한 같은 인물들조차 이승만에 의해 떨려나면서, 대한노총은 노동자들의 최소한의 이익보호에서조차 완전히 멀어져갔다. 이러한 몇 차례의 질적 악화 후에 남은 이들, 어찌보면 논할 가치조차 없는 이들이 중정의 든든한 후원을 받아 한국노총의 주축을 이루고 있었기 때문에, 한국노총은 노동자들에게 오히려 방해물로 작용하고 있었다.

하지만 인간적인 삶을 요구했던 전태일의 뜻은, 억압적인 유신국가와 그 허수아비인 전국적 노총이라는 두 겹의 빙하를 뚫고 움터 나온 민주노조운동에 의해 계승되어 80년대로 이어질 수 있었다. 이러한 70년대 민주노조운동의 대부분은 여성 노동자들이 중심이 되어 이루어졌다. 잘 알려져 있는 것처럼, 87년 대투쟁

이후의 노동운동이 대개 고등학교 졸업 정도의 학력을 지닌 중화
학 공업의 생산직 남성노동자들에 의해 주도되었다면 이 시기의
그것은 학력수준이 그보다 낮을 수밖에 없는 상황에 놓여 있던,
경공업 부문의 저임금 생산직 여성 노동자들이 주도했다.

1960~70년대. 온 나라가 경제개발에 들썩이고 있을 때, 농촌에
서 태어나 어릴 때부터 일과 함께 자라온 여자아이들은 입 하나
줄이고자, 오빠나 남동생의 학비를 마련하기 위해, 혹은 지긋지긋
한 농촌에서 벗어나기 위해, 아니면 집에서 딸에게 공부를 계속하
게 해 줄 리 없었기에 스스로 돈을 벌면서 배움에의 열망을 채우기
위해 도시로 도시로 왔다. 대개의 경우 10대에 상경했던 이들은,
식모살이로 도시 생활을 시작했다가 몇 년이 지나면 공장으로
자리를 옮기거나 처음부터 시다로 들어와 공장 노동의 길에 들어
섰다. 당시 나름대로 규모가 컸던 공장들의 경우(예컨대 동일방직
같은), 그곳에 입사하기 위해 관리자들의 집에서 1년씩 무급 식모
살이를 하면서 순번을 기다려야 하는 일도 비일비재했다. 어쨌든
그렇게 공장노동자의 길에 들어선 이들의 앞에 놓여있는 것은,
열악한 작업조건 속에서의 과중한 업무와 인격모욕적인 대우가
만연해 있는 작업장, 그 모든 것을 참더라도 손에 쥘 수 있는 건
얼마 안 되는 적은 월급, 그리고 거의 일상처럼 되어버린 특근과
잔업, 몇 년간의 공장노동자 생활 뒤엔 '아무도 데려가려 하지
않을 정도로' 심하게 건강을 망가뜨리는 작업장의 현실이었다.
하지만 이러한 열악한 상황 속에서도 초기에 이들은 최대한의
절약을 통해 고향으로 일정액을 송금하여 남자 형제들의 학업과

YH무역 여성 노동자들의 신민당사 농성

집안 살림을 도왔고, 고단한 일상 속에서도 검정고시에 대한 꿈을 여전히 간직한 채 공단 부근의 야학을 찾았으며 교회 역시 이들이 많이 찾게 되는 장소 중 하나였다.

견디기 힘든 공장생활을 미래에 대한 꿈과 가족들에 대한 책임 감으로 버텨나가고 있던 이들, 하지만 작업장 현실은 자신을 둘러 싼 관계 전반에 대해 세련되고 유려한 언어로 명확하게 정리할 수 있는 단계까지는 아니더라도 인간으로서의 기본적 권리에 대해 그리고 자신의 노동에 대해 이들로 하여금 다시 생각할 수 있도록 만들었다. 여기에 더해 이들이 야학과 교회(특히 산업선교 회로 대표되는) 등에서 같은 처지에 놓인 인근 공장의 여성 노동 자들과, 그리고 전태일 열사의 분신 이후 자신의 삶의 한가운데에 노동현실을 위치지운 일군의 지식인들 및 양심적인 성직자들과 새로운 관계맺음을 하면서 이들은 작업장 안에서 인간으로 인정 받기 위한 험난한 길로 나아가기 시작했다.

전태일 열사가 시다들을 보며 눈물을 흘렸던 그곳에서 노동조 합을 지키기 위해 온갖 험한 꼴을 당해야 했던 청계피복노조, 72년 최초로 여성노조위원장을 배출한 후 회사의 사주를 받은 남성노 동자들의 만행에 맞서 싸워야 했던 인천 동일방직노조, 안정적인 파업기금 확보를 통해 막강한 조직력을 자랑했으며 80년 광주민 중항쟁 직후 구속노동자 뒷바라지와 피해 수습을 위해 광주로 모금액을 보낸 몇 안 되는 노조 중 하나이던 원풍모방노조, 그리고 유신의 종말을 가져온 일련의 민중항쟁을 촉발했던 79년 YH 여성 노동자들 등 황폐했던 유신 시대를 정화하는 노동자들의 움직임은 70년대 내내 이어졌다. 학생운동과 재야의 종소리와 더불어, 사회의 밑바닥에 있던 그리고 스스로도 처음에는 '공순이'라고 비하하던 젊은 여성 노동자들이 대다수가 침묵하던 그 시기에 용기있게 움직였다는 사실은 많은 것을 생각하게 만든다.

하지만 이 시기 여성 노동자들이 남긴 수기를 보면, 기혼 여성 노동자들 중에서도 노동운동에 참여하는 경우가 많았던 87년 이후와 달리, 노동운동에 참여한 여성 노동자들은 대개 미혼이었으며 또한 민주노조를 끝까지 사수해냈던 여성 노동자들도 대개의 경우 결혼과 함께 운동을 떠나는 경우가 많았다는 것을 알 수 있다. 이것에 대해 어떻게 받아들여야 할까? 먼저 생각할 수 있는 것은 아직까지도 강하게 남아있는 여성에 대한 사회의 가부장주의적 편견과 고정관념의 영향이지만, 그것만으로 환원할 수 없는 부분이 존재한다. 다시 말해 운동 내적인 요소에서도 그 원인을 찾을 수 있는데, 여성 노동자들이 노동운동에 참여하는 과정을 통해 공장노동에 대한 의식은 상당 정도 변화시키지만(그 이전에는 공장노동 자체를 여성성의 상실로 받아들이는 경우도 많았다) 결혼이나 자녀 양육에 대한 부분은 변화하는 속도가 매우 느리다는 점에 주목할 필요가 있을 듯하다. 이 시기 민주노조운동에 대해, 정치경제적인 쟁점은 성공적으로 부각시켰지만 '여성 노동자의 생활세계에까지 운동을 내면화시키지는 못했다'는 지적을 하는 것도 바로 이런 부분에 대한 주목에서 비롯되었다고 보여진다. 그와 함께 이 시기 여성 노동자들의 내면세계에는 다른 나라(특히 독일이나 프랑스)의 초기 노동운동에서 나타났던 공세적이고 낙

관적인 가치관이나 미래의 비전에 대한 믿음 등이 나타나지 않았다는 점 역시 결혼과 함께 운동을 떠나게 되는 앞의 현상과 관련있지 않을까? 이 시기 여성 민주노조운동이 직면하고 있던 커다란 난관 중 하나였던, 인자의 재생산과 활동의 연속성 및 성과 축적이라는 측면이 제대로 이루어지기 어려웠던 점 역시 이와 관련이 있을 듯하다.

여성 노동자들이 중심이 되어 전개된 70년대 민주노조운동은 80년대의 운동가들에 의해 혹독한 비판을 받았다. '경제주의, 개량주의, 조합주의…' 더욱이 84년 한국노동자복지협의회라는 조직을 결성했던, 이 시기 민주노조운동의 주역들 중 일부의 이후 행태가 이러한 평가의 근거를 강화시켜주기도 했다. 하지만 80년대를 풍미했던 과학주의, 정통주의의 이러한 평가는, 부분적인 진실을 담고 있긴 하지만 70년대 민주노조운동 전반에 대한 공정한 평가는 아닌 듯하다. 더욱이 그러한 과학주의, 정통주의의 흐름이 사라져버린 지금의 시점에서 70년대 민주노조운동의 성과와 한계는 다시금 평가될 필요가 있지 않을까?

그에 대한 총체적인 평가는 이 글의 범위를 벗어나는 문제이지만, 한 가지 분명한 것은 당시 지도적인 위치에 있던 몇몇 사람들의 현재 행태를 기준으로 당시 민주노조운동에 참여했던 이들 전체를 재단해서는 곤란하다는 것이다. 또한 당시 노동운동에 참여했던 이들의 지향이 (정치적 요구 없이) 단지 경제적인 요구에 국한되었기 때문에 기본적으로 한계를 가진다고 평가하기보다는, 인간적인 처우에 대한 기본적인 요구가 핵심이었으며 그것은 전태일 열사 때부터 87년 대투쟁 때 노동자들이 내걸었던 요구사항과 크게 다르지 않다는 점에서 87년 대투쟁과 70년대 민주노조운동이 일관성과 연속성을 지닌다고 보는 편이 더 적절하지 않을까? 물론 전국적으로 타올랐던 87년과 소수의 작업장에서 유지되었던 70년대 민주노조운동이 각각 차지하는 비중이 다르겠지만, 앞에서 살펴보았던 것처럼 해방 공간에서 분출되었던 열기가 스러지고 이른바 노동자들의 대표조직이라는 곳이 오히려 장애물 역할을 하고 있던 상황에서 다시 노동운동의 불을 지핀 전태일 열사의 흐름을 계승한 것이자, 80년대 이후의 노동운동과 전태일 열사를 이어준 것이었다고 보는 편이 더 균형잡힌 평가라고 보여진다. 그리고 이 시기의 노동운동에서 여성 노동자들의 특성에 대한 배려가 부족했던 지점은 오늘의 현실에서도 '직접적인' 교훈으로 받아들여야 할 듯하다.

폴란드, 하나의 질문

1980~81년 폴란드 대중파업과 연대노조

'독립 자치 노동조합 연대.' 폴란드 말로 솔리다르노시치라 불렸던 이 조직에 대해 들어본 적이 있는가? 아니라면, '자유노조'라는 이름은 들어본 적이 있는가? 아마도 우리에게는 이 '자유노조'라는 말이 더 낯익을 것이다. 전두환 파쇼 독재가 시퍼렇게 날을 세우던 1980~81년 당시, 공산당 관료독재에 대항하던 폴란드 노동자들의 투쟁은 '자유노조' 투쟁이라는 반공의거 비슷한 것으로 번안·소개됐었던 것이다. 그러나, 1980~81년 두 해에 걸친 폴란드 노동자·민중의 투쟁은 1905년 제1차 러시아 혁명을 판박이한 전형적인 대중파업 사례였다.

여기서 우리의 의식을 혼란케 만드는 것은 이번에는 파업 투쟁의 대상이 바로, 파업의 주체인 노동자들의 정부임을 자임해온 공산당 정권이었다는 점이다. 이 역설을 설명하기 위해 동원된 서구 좌파들의 여러 이론은 이미 우리에게도 익숙하다. '관료화의 위험에 처한 이행기 사회'라는 주장, '타락한 노동자 국가'라는 주장, '국가자본주의'라는 주장 등등. 이 글에서 이 중 어느 한 입장을 편들 생각은 없다. 다만 필자는 이 모든 주장들이 그 세세한 차이들에도 불구하고 공산당 관료독재에 대한 비판을 공유하고 있으며 이 공통의 인식은 이제 세계 모든 진보세력 내에서 광범한 합의를 얻고 있다는 점 정도만을 분명히 하고 싶다. (지금은 상식처럼 여겨지는 이러한 인식이 80년 당시에만 해도 예외에 가까웠다는 점을 기억해야 한다. 가령, 영국 광부노조의 전투적 지도자였던 아더 스카길은 영국에서 광부파업의 불길이 치솟아 오르던 80년대 초 당시, 폴란드 노동자들이 아니라 이를 탄압하는 그 나라 관료들을 지지했었다. 심지어는 트로츠키주의 그룹들 내에서도 연대노조가 반동세력인지 아닌지를 논쟁해야 했다.)

1980년의 투쟁이 있기 전에도 전후 폴란드는 지속적인 노동자·민중반란의 폭발을 경험해왔었다. 여기에는, 조직된 노동운동과 시민사회의 전통이 존재하는 사회에 뿌리내린 스탈린주의 정권의 특유한 내적 긴장이라는 요인이 작용했다.

스탈린주의 정권은 항상 중공업을 중심으로 한 산업의 양적 성장에 체제의 신경을 집중했다. 이 지표들이 달성되기 위해서는 자본주의 사회에서 가치가 생산되고 실현되는 것처럼 일단 생산 과정상의 노동통제가 필요했고 국내 시장 및 국제 시장에서의 경쟁 압박들이 불가피했다.

노동자·민중반란의 직접적인 원인은 스탈린주의 정권이 그 정치적 특성상 이러한 긴장과 갈등을 민주적·평화적으로 해결할 통로를 전혀 갖고 있지 못하다는 데 있었다. 공산당 일당독재와 촘촘한 국가관료제는 이러한 통로를 원천봉쇄했다. 만약 조직된 노동운동과 시민사회의 전통이 희박하다면 이런 체제도 상당 기간 평화적으로 지속될 수 있을지 모른다. 그러나, 그렇지 않고 동독이나 폴란드, 헝가리, 체코슬로바키아처럼 투쟁적인 민중 전통이 무시할 수 없이 존재한다면 이야기는 달라진다. 특히 폴란드의 경우, 위기는 독특한 반란의 싸이클로 나타났다.

집권자들은 경제성장의 위기가 도래할 때마다 이를 임금 삭감, 국영상점 생필품 가격 상승 등으로 해결하려 했고, 그때마다 노동자·민중은 폭동에 가까운 항의 행동을 벌였다. 1956년에는 헝가리 혁명의 직접적 도화선이 된 노동자 반란이 있었고, 1968년에는 서구 학생반란과 유사한 학생 저항운동이 있었다. 1970년 겨울에는 정부의 식료품값 인상에 항의하여 그다니스크의 조선 노동자들이 반란을 일으켰으며, 1976년 6월에는 비슷한 인상안에 대하여 바르샤바 인근의 노동자들이 저항행동을 벌였다.

얼핏보기에 이는 단순한 경제적 행동인 것처럼 보이지만, 여기에는 심원한 정치적 차원이 존재했다. '노동자 국가'라는 정권의 수사는 단순한 수사만은 아니었으며 어쨌든 폴란드 공화국의 헌

1980년 폴란드의 노동자들

법적 합의의 핵심이었다. 경제적 고통을 노동자에게 전가시키려는 집권자들의 시도는 이러한 헌법적 합의에 대한 근본적 공격이었고, 따라서 이에 대한 항의는 그 자체로 정치투쟁의 성격을 지니는 것이었다. 경제투쟁과 정치투쟁의 이러한 밀접한 관계는 로자 룩셈부르크의 논지를 다시 생각나게 하는 것이다. 물론 그녀가 채 주목하지 못했던 이데올로기적 차원의 변수('노동자 국가'라는 약속)가 새로이 (혹은 뒤늦게) 부각되지만 말이다.

1980년 7월에도 출발점은 정부의 육류가격 인상 발표였다. 여기에는 경제위기의 새로운 차원이 존재하는데, 70년대 중반 값싼 오일 달러를 무턱대고 도입했던 폴란드에 들이닥친 외환 압박이 그것이었다. 생활현장의 경제투쟁은 체제의 문제와 연결되고 체제의 문제는 다시 세계자본주의의 모순과 연결되어 있었던 것이다.

아무튼 가격인상 조치가 있자, 이미 70년대 내내 수차례의 저항으로 단련된 바 있는 노동자들은 임금인상 파업으로 대응했다. 이 파업 물결은 1970년 투쟁의 근거지인 그다니스크 레닌 조선소에도 몰아쳐서, 8월 14일에는 관제노조에 대항해 민주노조건설을 추진해온 여성 투사 안나 바웬티노비치의 선동 아래 파업이 단행됐다. 공장 내부에서 결행된 이 파업은 전기기사인 레흐 바웬사의 선동을 통해 곧바로 공장점거 파업으로 발전했다. 파업은 그다니스크의 다른 부문 노동자들에게로 쉽게 파급됐고, 겁먹은 경영진은 이틀 만에 임금인상에 합의했다.

그러나 공장점거 노동자들 중 일부 선진 노동자들이 이러한 경제적 성과에 안주하길 거부하고 점거를 계속할 것을 동료 노동자들에게 설득하면서 역사의 방향은 급선회한다. 명분은 파업에 동참한 버스 운전사 등에게는 임금인상의 혜택이 주어지지 않았다는 사실이었다. 선진 노동자들을 중심으로 공장간 연대파업위원회가 조직되었고, 이들 조직의 주도 아래 레닌 조선소에서는 관제노조로부터 독립적인 새로운 노조 조직의 결성을 중심으로 하는 정치적 요구들(출산휴가 연장 등의 복지 요구, 민주화운동과 친노동자 활동으로 인한 정치범들의 석방 등)을 내건 점거파업이 계속됐다.

한 여름을 뜨겁게 달군 지루한 투쟁과 협상이 계속됐다. 파업위원회의 지도자들은 정부 측과 협상이 있을 때마다 그 논의 내용 일체를 공장 확성기를 통해 동료 노동자들에게 알렸다. 공장 곳곳에서 매일, 매시간 정치토론이 벌어졌고, 노동자들은 그동안 수사로만 존재했던 노동자 민주주의를 자신들 스스로 만들어냈다. 드디어 8월 31일 정부는 노동자 측의 요구를 모두 수용한 합의서에 서명했다.

파업 지도자들은 석방을 요구한 정치범들이 모두 풀려날 때까지 조인을 미루는 놀라운 결의를 보였다. 이런 가운데, 그다니스크 연대파업위원회는 '솔리다르노시치(연대)'라는 독립노조로 재발족했다. 동유럽 스탈린주의 사회에서는 최초로 독립 노동자 조직이 등장한 것이었다.

그다니스크 합의가 체결되자마자, 그리고 연대노조가 출범하자마자 폴란드는 전형적인 대중파업 상황에 휘말려 들었다. 겨울이 될 때까지 1980년 내내 폴란드 전역에 파업, 혹은 총파업이 벌어졌고, 경제투쟁이 정치투쟁으로 전화하고 정치투쟁이 경제투쟁으로 전화하는 양상이 연출됐다. 가령, 각 지역 파업 지도자들은 임금인상 파업이 일단락되자마자 파업 파괴에 앞장선 경찰 관료들의 퇴진을 요구하는 반부패 파업을 벌였다. 그리고 파업은 노동인구의 낙후한 층으로까지 확대되었다. 1981년 1월부터 학생운동이 꿈틀거리기 시작했고, 정권으로서는 가장 치명적이게도 체제 온존의 아성이었던 농촌에서도 '농민 솔리다르노시치'가 등장했다.

1981년 일 년 내내 폴란드 사회는 끓어오르는 노동자·민중의 요구를 한가운데에 둔 연대노조와 정부의 샅바 싸움으로 팽팽했다. 사실 기층의 투쟁에 대해서는 연대노조 지도부든 정부든 모두 불편한 입장에 있었다. 우선, 정부로서는 소련의 압력 아래 스탈린주의 체제를 계속 유지하는 한, 무력 억압이 아닌 다른 방법으로 이들 투쟁을 잠재울 재간이 없었다.

다른 한편, 연대노조로서도 정부의 선택지가 이렇게 제한되어 있는 한, 명확한 체제 대안을 갖고 권력투쟁에 나서거나 이제까지의 투쟁을 원점으로 되돌리는 두 길만이 존재했다. 그러나 바웬사 등의 지도부 주류파는 끝까지, 결의에 찬 노동계급의 정치 지도자로서보다는 노동조합 간부로 행동하려 했다. '자주관리 사회주의'라는 전망에 대한 토론이 벌어지긴 했지만, 이는 실천의 의지가 없는 상층의 정책 논쟁에 그치는 감이 있었다.

그런 가운데, 1970년대 초에 칠레에서 벌어졌던 것과 비슷한 사태가 폴란드에서도 벌어졌다. 문민 당관료들이 사태 수습을 포기한 상황에서 야루젤스키가 이끄는 군부가 소련의 무력개입을 예방한다는 명분 아래 사태를 장악했다. 1980년에만 해도 연대노조의 기세 아래 병사들의 사보타지를 두려워하여 병력 동원을 꺼렸던 군부는 연대노조의 지도력이 축소되기 시작하는 기미가 보이자 1981년 12월 전격적으로 파업 현장과 각 대학에 군 병력을 투입했다. 연대노조 지도자들에게는 영장이 발부됐고, 체포를 면한 활동가들은 지하로 숨어들어야 했다.

이후 지하에서도 연대노조의 투쟁은 계속됐고, 결국 소련이 붕괴하는 과정에서 폴란드는 연대노조 주도의 민주화를 이뤄냈다. 그렇다고 해서 이를 해피 엔드라고 이야기할 수 있을까?

1980~81년 투쟁 당시 연대노조의 기본 이념이었던 자주관리 사회주의는 1989년 체제 이행 과정에서는 연대노조 내의 소수 좌파 반대파만의 노선으로 주변화되었다. 연대노조를 지지하는 노동자 대중도, 바웬사 등의 지도부 주류파도 모두 80년 당시 대중 파업의 원인이 되었던 세계자본주의의 품 안에 안기는 것에서 체제의 대안을 찾았다. 그 결과는 투쟁의 성지인 레닌 조선소의 해외매각이었고, 노동자들의 끝없는 지위 하락이었다.

이러한 타락의 요인으로는 일단 연대노조의 이념적 혼미를 들수 있다. 좌파 지식인들의 자주관리 사회주의론 이면에는 우파 지식인들의 자유주의 향수나 수많은 노동자·민중의 보수 가톨릭 민족주의 사상이 숨어 있었다. '노동자 국가'의 이름으로 노동자를 탄압하는 스탈린주의라는 복잡한 현실이 이러한 이념적 혼미를 부채질하지 않을 수 없었다.

또 하나 보리스 카갈리츠키의 지적처럼, 연대노조라는 조직의 모호성도 중요한 요인이었다. 1980년의 투쟁에 전위적인 요소가 존재하지 않았던 것은 아니다. 초기 연대노조의 이데올로그들은 분명 결의에 찬 좌파 지식인들이었고, 이들 지식인의 헌신적인 교육 및 조직화 지원 활동을 통해 일군의 선진노동자가 배출됐다. 하지만, 연대노조라는 조직 자체는 노동조합도 아니고 그렇다고 정당도 아닌 모호한 민중운동조직의 형태를 띠었다. 노동조합이라기에는 민중운동의 연합체 같은 성격이 강해서 노동계급의 일상적 요구의 실현에 어울리지 않았다. 그런가 하면, 지도부는 자신들이 어디까지나 노조 간부라고 인식하고 있어서 과단성 있고 창조적인 정치투쟁에 뛰어드는 것을 오히려 가로막는 역할만을 했다.

연대노조의 투쟁이 한창이던 당시에는, 이런 독특한 조직의 출현을 놓고, 이제 더 이상 정당의 역할은 불필요하며 대중투쟁으로부터 출현하는 자생적 조직으로 충분하다는 주장이 분분했었다. 그러나, 89년 이후 시장지상주의의 전도사가 돼버린 연대노조 주류 세력(비록 내부의 소수 좌파는 계속 대안적 사회주의를 추구하는 세력으로 남아 있지만)의 타락 과정은 이러한 주장을 한껏 비웃는 듯하다. 불행히도 이런 종류의 생디칼리즘(노조만으로 사회

변혁투쟁을 완수할 수 있다는 사상)은 대중파업과 관련된 수많은 논의들 속에서 여전히 질긴 목숨을 유지하고 있지만 말이다.

* 형성사 편집부 편, 『폴란드』(형성사, 1981)는 투쟁이 아직 한창이던 당시 국내에 소개된 풍부한 자료집이다. 투쟁의 전개 과정 전체를 잘 정리하고 분석한 글은 크리스 하먼, 『동유럽에서의 계급투쟁 1945~1983』(김형주 옮김, 갈무리, 1994)에서 발견된다. 레흐 바웬사, 『폴란드 노조 지도자 바웬사 자서전: 희망의 길』(전 2권, 양창집·유도원 공역, 희성출판사, 1989)도 참고할 수 있겠다.

87년 대투쟁을 예고한 두 사건
1985년 대우자동차 파업과 구로동맹파업

20년 전으로 잠시 돌아가 보자. 우리 현대사에 있어서 중요한 분기점인 바로 그 시기, 80년으로. 허무하게 최후를 맞이한 독재자의 빈 자리에 눈독 들이며 3김이 추악한 암투를 벌일 때, 민중은 전쟁과 60년 4월 이후 또 한번 열려진 '가능성의 공간'에서 타는 목마름으로 민주주의를 외치며 다시 거리로 나오고 있었다. 하지만 군사독재로 얼룩진 과거의 잔재를 씻어내고 새로운 역사의 지평을 열어가는 작업은, 12·12와 5·17 쿠데타를 통해 권력의 전면에 등장하여 5·18 광주민중항쟁을 짓밟은 저 신군부에 의해 잠시 멈춰지게 된다. 민주주의의 꿈이 다시 좌절되고 가능성의 공간이 닫혀지면서 노동운동에도 한파가 몰아치게 된다. 피문은 권력을 위해 급조한 국보위라는 해괴한 단체를 통해 마련된 노동법 개정안, 기업별 노조체계와 제3자 개입금지 등으로 대표되는 그것은 박정희 때보다도 더 개악된 것이었다. 그와 함께 신군부는 유신의 혹한 속에서도 살아남은 민주노조들을 각개격파하는 작업에 착수했다. 청계피복노조, 반도상사노조, 콘트롤데이타노조가 81년 봄부터 깨져나갔고 최후의 보루이던 막강 원풍모방노조마저 '간부연행 및 이후 해고→항의 단식농성→남성노동자들로 짜여진 구사대 투입→광범위한 해고와 어용노조로의 변형'이라는 전형적인 과정을 통해 무너졌다.

이제 완전한 암흑기로 빠져든 것일까? 정권을 장악한 신군부 세력은 그렇게 믿고 싶었겠지만, 새로운 세상을 향한 움직임은 얼어붙은 수면 아래에서 조용하게 진행되고 있었다. 광주민중항쟁과 80년의 패배를 거치면서 70년대 운동에 대한 전면적인 반성이 학생운동과 노동운동 모두에서 이루어졌다. 전태일 이후 70년대부터 부분적으로 이루어지던 학출의 노동현장으로의 투신은 80년 광주를 거치면서 전면적으로 진행되었고, 노동운동 내에서도 80년대 초 민주노조들이 차례차례 무너지게 된 중요한 내적 이유였던 기업 단위의 고립분산적 활동을 뛰어넘기 위한 방안을 모색하고 있었다.

83년 말부터 블랙리스트 철폐운동 등을 거치면서 점차 회복기로 접어든 노동운동은 이른바 유화국면을 맞이하여 84년부터 수도권 지역을 중심으로 신규노조 결성(구로동맹파업의 주축을 이룬 대우어패럴노조, 가리봉전자노조 등도 대부분 이 시기에 결성된다) 및 어용노조 민주화 투쟁을 활발히 벌여, 85~86년에는 노동쟁의가 급증하게 된다. 그리고 이 과정의 상당 부분에는 80년대 초부터 존재이전을 행했던 학출들의 활동이 관련되어 있었다. 이러한 상황에서 일어난, 84년 5월 대구에서 시작되어 부산, 마산, 인천 등으로 확산된 택시노동자들의 총파업과 같은 해 11월 역시 운수노동자였던 박종만 씨 분신사건은 운수노동자들의 의식 발전을 보여주는 것이자 노동운동 진영에 적지 않은 충격을 준 사건이었다. 하지만 박종만 씨 분신사건이 언론에 제대로 보도되지 않았던 데서 보여지듯이, 이러한 노동자들의 움직임과 일반 대중 사이에는 아직 두터운 장벽이 가로놓여 있었다. 국민들에게 노동운동의 움직임이 어느 정도 알려지기 시작한 것은 85년 대우자동차 파업을 거치면서였다.

85년 4월 16일부터 25일까지 열흘에 걸친 대우자동차노조의 파업은 몇 가지 점에서 70년대 민주노조운동과는 다른 점을 보여주었다. 주로 경공업 분야의 중소기업 단위에서 미혼 여성 노동자들이 주도했던 70년대와 달리, 대우라는 국내 굴지의 대재벌 사업장에서(그간 주로 구사대로 활약하면서 여성 노동자들을 진압하는 데 투입되었던 오명을 벗어던지고) 남성노동자들이 억센 팔뚝을 드러냈다는 점은 70년대를 거치면서 중화학공업 중심으로 재편된 한국자본주의의 변화양상을 반영하는 것이자 87년 대투쟁 이후 노동운동을 주도할 세력을 예시적으로 보여주는 것이었으며, 어용 위원장을 밀어내고 민주파로서 파업 과정을 주도하면서 김우중과 마주앉아 협상했던 이들이 다름 아닌 80년대 초 현장투

구로동맹파업을 지지하는 22개 민주·민권운동단체
대표들이 농성중인 청계피복노조 사무실, 1985년 6월 26일

신한 학출들이었으며 (이 기간 동안 언론이 '학출=불순세력'이라고 호들갑스레 떠들어대며 분열을 유도했음에도) 파업 기간 내내 현장노동자들의 지지를 받으며 활동했다는 점에서 현장노동자들과 학출의 결합을 상징적으로 보여주는 사건이었다. 요구안이던 '임금 18.7퍼센트 인상'에 가까운 16.4퍼센트 인상에 합의하면서 열흘 만에 파업은 막을 내리고 조합원들은 다시 일상으로 돌아갔다.

그로부터 두 달 후인 6월 24일, 이틀 전 위원장이 불법연행된 대우어패럴노조의 파업을 시작으로 효성물산, 가리봉전자, 선일섬유 등이 연대파업에 들어가고, 그 다음날부터 구로공단 내의 다른 작업장에서도 지지농성에 돌입하면서, 한국전쟁 이후 최초의 동맹파업인 역사적인 구로동맹파업이 시작되었다. 파업의 계기는 대부분 84~85년에 만들어진 신규노조였던 이들이 같은 공단 내에서 인접해 있었고, 노동조건과 노조에 대한 탄압이 비슷했기에 처음부터 개별 사업장을 뛰어넘어 연대하는 전통을 만들어가고 있었으며, 85년 초의 임투 역시 함께 준비하고 대처해 나간 것에서 비롯되었다고 할 수 있다. 정권으로서는 이러한 구로 지역의 연대 흐름을 조기에 차단할 필요가 있었을 뿐 아니라, 두 달 전의 대우자동차 파업의 여파가 확산되지 않도록 미리 눌러놓고자 했기 때문에 그 해의 임투도 이미 마무리가 된 상황에서 위원장을 연행하는 선제 도발을 했던 것이다.

그렇다면 위원장이 잡혀간 대우어패럴노조가 파업에 돌입한 것은 그렇다 쳐도, 다른 사업장으로 불길같이 빠른 속도로 번져나가 동맹파업으로 이어지게 된 것은 어떻게 설명해야 할까? 그 이유는, 앞에서 이야기했던 것처럼 노조 결성 때부터 인근의 작업장들이 연대했던 경험과 함께 70년대 민주노조운동에 대한 반성에서 찾을 수 있다. 정권과 자본이 대우어패럴만을 노리는 것이 아니라는 점이 너무도 분명한 상황에서, 그리고 81~82년 민주노조들이 기업 단위를 넘어 연대하지 못하고 개별적으로 파괴당하는 것을 똑똑히 보았기에 이들은 대우어패럴에 대한 도발을 계기로 개별 기업 단위를 넘어 구로공단 차원에서 연대파업을 벌였던 것이다. 이와 같은 배경에서 진행된 구로동맹파업은, 파업 5일째인 6월 29일 대우어패럴노조의 농성장에 구사대가 투입된 후 구속 35명, 해고 2천 명이라는 상처를 남기고 종결되었다.

두 달 간격으로 일어났던 이 두 파업은 이후 노동운동의 행보에 커다란 영향을 미쳤을 뿐 아니라 당시 노동운동의 두 전형을 보여주었다고 할 수 있다. 대우자동차 파업은 처음부터 끝까지 철저하게 현장노동자들의 경제적 요구(임금인상)를 중심으로 진행되었으며, 외부단체의 지원을 거부한 것에서 잘 드러나는 것처럼 기업별 노조의 틀 내로 의식적으로 한정한 상태에서 임금문제에서의 승리 경험을 만들어내는 데 초점을 두었다. 그래서일까? 이들의 합의각서의 내용은 지나치게 굴욕적(예를 들면 '사회에 물의를 일으켜 죄송하다'는 문구)이라는 비판을 많이 받았다. 더욱 중요한 부분은 파업 이전에 해고된 3명에 대한 복직요구를 하지 않겠다는 약속을 한 것인데, 이는 비슷한 시기에 노동자들이 학출과 끝까지 함께 하면서 노조 민주화에 성공했던 통일산업의 경우와 대비된다고 할 수 있다. 이러한 요인들을 현재의 시점에서 전반적으로 고려해본다면, 대우자동차 파업의 성격을 '경제주의적'이라고 규정하고 격렬하게 비판했던 당시 일부의 흐름이 근거없는 것만은 아니었다고 보여진다(물론 당시 경제투쟁―정치투쟁에 대한 이해에 도식적인 측면이 많았고 현장노동자들과 다른 마인드로 상황을 바라보는 지식인적인 요소를 고려했을 때 지나친 측면은 분명 있었다). 이에 비해 구로동맹파업은 비록 패배하긴 했지만, 임투가 이미 마무리된 상황에서 노조 활동 탄압에 대한 항의로 같은 공단 내의 10여 개 사업장이 개별 기업의 한계를 넘어 연대파업을 벌였다는 점에서, 그리고 개별 자본 차원을 넘어 정권에 맞서는 의미가 있다는 점에서 당시 운동가들의 주목을 받았다. 투쟁 종결 후 노조가 깨지고 조합원들이 흩어진 점에 주목하여 모험주의적이었다는 평가를 하는 경우도 있지만(이에 대해 당시 투쟁을 주도했던 이들은 동맹파업에 참여하지 않았던 노조들도 얼마 지나지 않아 해산되었다는 예를 들며 '피할 수 없는 투쟁'이었음을 강조한다), 전반적으로 당시 운동진영은 80년대 초부터 이미 간헐적으로 제기·논의되어오던 정치투쟁의 필연성과 경제주의 극복의 필요성을 보여준(그런 의미에서 대우자동차 파업과 대조되는) 사건으로 받아들이는 경우가 많았고 이를 계기로 '정치적 노동운동, 변혁지향적 노동운동'을 내걸었던 서울노동운동연합(서노련)과 같은 지역적 대중정치조직이 탄생하게 되었다.

이 두 사건에 대한 평가는 당시 학생운동 내에서 진행되고 있었던 노선분화와 맞물리면서 이후 다양한 분파의 형성을 촉진하는 계기로 작용했고, 80년대 초 대거 현장으로 인입했던 학출들(당시 노동현장에서 상당한 영향력이 있던) 사이에서도 격렬한 논쟁이 진행되면서 전체 노동운동 내에 쉽게 섞이기 어려운 두 경향이 생겨나게 된다. 학출들은 대우자동차의 경우를 현장 중심 노조활동의 한계를 보여준 사례로, 구로동맹파업을 정치투쟁 지향의 근거로 받아들이면서 현장 노조운동의 틀거리 밖으로 눈을 돌려 정치투쟁을 지도할 활동가조직, 더 나아가 이후엔 노동자정당의 건설을 급선무로 삼는 다수의 경향과, 현장노동자들의 경제적·일상적 요구 해결에 기반한 노조 활동에 주력하는 소수의 경향으로 나뉘어지게 되었다. 이를 계기로 학출들이 현장에서 상당 부분 빠져나옴에 따라 학생운동과 노동운동의 결합은 이완되기 시작했고, 이는 또한 선진적인 활동가운동과 대중적인 노동조합운동이 분리되기 시작하는 과정의 출발점이라고 할 수 있다.

이후의 결과만을 놓고 손쉽게 폄하하기엔 정치투쟁으로의 전환이라는 문제의식이 만만치 않은 무게와 적절한 부분을 지니고 있었던 점은 분명하지만, 정치투쟁에 대한 당시의 다소 도식적인 이해가 일반 노동자들과 긴밀하게 교감하며 대중적인 토대를 구축하기 위한 현장 활동의 중요성을 적절히 인식하지 못했던 측면이 존재했다는 것 또한 인정해야 할 것 같다. 당시 현장 수준에서는 여전히 낮은 수준의 경제적 요구 및 인간적인 대우와 노조결성의 자유를 요구하는 정도가 일반적이었으며(이는 정치적 동맹파업으로 평가되는 구로 지역의 경우에도 크게 다르지 않았던 것으로 보인다), 실제로 87년 대투쟁의 경우에도 기본적으로 같은 맥락이라는 점에서도 '이해할 수 있을 것 같은, 하지만 아쉬움을 남긴 조급함'에 대해 보다 냉철하게 평가할 필요가 있을 듯하다.

노동운동의 한 분기점으로 작용했던 이 두 파업은 87년 대투쟁을 예고하는 것이었다. 대우자동차의 경우 중공업 분야 대기업의 남성노동자들의 주도라는 점에서, 구로의 경우 중소사업장이 밀집한 공단에서 노동조건이 비슷한 인근사업장으로 하나의 불씨가 들불처럼 번져나간 측면에서 그러하다. 하지만 개인적으로는 구로동맹파업이 87년 대투쟁과 더 잘 이어질 수 있지 않을까 한다. 여성 노동자들이 중심이 된 분야이긴 하지만 노조결성, 임투, 파업 등에서 인근 사업장들과 함께 하는 '연대'의 정신을 보여주었다는 점에서 말이다. 구로의 경우를 보면서 마창노련이 떠오른 건 그래서일까? 이들이 훗날 함께 전노협의 주축을 이룬다는 점에서 이러한 '편견'이 적절할 수도 있지 않을까?

대중적 노조운동 부활로의 분기점
1987년 노동자 대투쟁

역 사가들에게 있어서, 딱 잘라 말하기 어렵기에 난처함을 불러일으키지만 그렇다고 해서 피해갈 수 없는 주제 중 하나가 시대구분 문제이다. 편의적으로 10년(혹은 100년) 단위로 마치 두부 썰 듯이 칼질하는 문제가 아니라 특정 시기를 총체적으로 파악하여 그 성격을 규정해야 하는 일이기 때문에 더욱 그러하다. 훗날 한국 노동운동사의 궤적을 정리할 사가들 역시 그 문제에서 자유롭지 못하겠지만, 한 시기에 대해서만큼은 논란의 여지가 없을 듯하다. 다름 아닌 87년 7·8·9월 노동자 대투쟁. 해방 공간의 격변과 전쟁을 거치면서 압살되었던 '대중적인' 노동조합운동이 되살아난 시기이자 그 전후 시기를 확실하게 구분짓는 결정적인 분기점으로서 그것이 아닌 다른 무엇을 꼽는 사람은 거의 없을 것이라는 점에서 그러하다. 노동의 집합적인 힘이 오늘날만큼이라도 사회적으로 인정될 수 있게 하는 출발점이었던 이 대투쟁은, 오늘날 노동운동의 전반적인 양태와 틀을 규정하는 실천이 이루어졌고 현재와 직접적으로 이어진 시기라는 점에서 노동운동이 직면하고 있는 현실의 과제를 풀기 위해서도 우리는 그것을 기억의 창고에서 다시 끄집어낼 필요가 있다.

  85년 6월 26일, 구로동맹파업과 마창지역의 (주)통일 투쟁이 폭압적으로 막을 내린 후, 대투쟁 한 해 전인 86년에 대구의 섬유업체들에 종사하는 여성 노동자들의 임투를 중심으로 갈등이 표출되기는 했지만 87년 상반기까지 노동현장에서는 여전히 병영적·억압적 노동통제가 전횡적으로 행해지고 있었을 뿐 남한 사회 전체를 뒤흔들 대투쟁의 징후는 드러나지 않았다. 30년이 넘도록 숨죽이고 살아야 했던 노동자들이 대투쟁으로 떨쳐 일어나게 할 수 있는 공간을 열어놓은 것은, 바로 6월항쟁이었다. 대재벌 위주로 편제된 남한의 산업체제에서 스스로의 권익을 지키기 위한 낮은 수위의 움직임과 요구조차 국가경제의 기반을 뒤흔들어놓을 전복적인 사건으로 간주할 뿐만 아니라 '좌익·빨갱이'로 몰아가던 억압적 국가권력이 6월항쟁을 통해 (일시적이긴 했지만) 이완되고 민주주의의 열망이 번져나간 것은, 노동자들 스스로 자신이 인간임을 선언할 수 있는 공간을 제공해 주었던 것이다. 또한 6월항쟁 기간 동안 (아직 집합적인 노동운동 세력으로서는 아니지만) 개별 '시민'으로서 대중시위에 참여한 노동자들은 집회 이후의 뒷풀이 등을 통해 삼삼오오 가진 모임을 통해 "민주화의 물결을 타고 노동조합을 건설하자"는 이야기를 자연스럽게 하게 되면서 대투쟁의 국면을 이끌어내고 있었다. 이처럼 6월항쟁이 노동자 대투쟁의 서막을 열어나간 것은 분명하지만, 우리는 그것이 아무런 매개없이 대투쟁으로 이어진 것은 아니라는 점 또한 분명하게 기억할 필요가 있다. 그렇게 열려진 '가능성의 공간'에 민주노조건설의 활시위를 당긴 것은, 그 이전부터 소모임 등을 지속적으로 꾸려오면서 노동자도 인간적인 대우를 받을 수 있는 사회를 꿈꿔오던 이들이었다. 인간으로서의 굴욕을 하루에도 몇 번씩 느끼게 만드는 끔찍한 작업장의 현실에서 움터나오는 노동자 전체의 정당한 불만과 6월항쟁으로 열려진 가능성의 공간에, '씨뿌리는 노동'을 통해 미래를 준비해온 이들의 노력이 더해짐으로써 '그 정도로 일이 커지리라고는 당사자들조차 예상하지 못했던' 역사적인 대투쟁은 시작되었다.

진원지는 현대왕국으로 알려져 있던 울산이었다. 기만적인 6·29선언 직후인 7월 5일, 현대엔진에서 권용목, 오종쇄 등의 젊은 노동자들은 민주노조건설의 기치를 높이 들었다. 이전부터 취미소모임, 학습소모임 등을 만들어 노동자들을 규합하고 대투쟁 전해인 86년에는 어용이 아닌 인물들도 노사협의회에 참여할 수 있는 권한을 쟁취해냈던 이들이 시작한 작은 흐름은, 그러나 결코 작지 않은 물결을 일으켰다. 현대중공업, 현대자동차 등 울산에 있는 현대의 다른 거대 계열사로 이어진 물결은 마산, 창원, 거제 등 남동해안의 인근지역으로 순식간에 번져나갔고 남도로부터

1987년, 가두 시위를 벌이는 현대중공업 노동자들

불어온 이러한 열풍은 곧바로 전국적으로 퍼져나갔다. 7월 말에서 8월 말까지의 약 40일 동안 절정에 달한 후 8월 말 대우조선의 이석규 열사 장례식을 기점으로 국가권력이 노골적이고 전면적으로 개입해 들어오면서 점차 수그러들긴 했지만 그 열기는 9월까지 지속되었다. 이 기간 동안 발생한 노사쟁의가 3천3백 건이 넘었고 새로이 탄생한 노조 역시 1천3백 개를 넘었다는 사실 하나만으로도, 이 시기 민주노조건설 운동의 폭발성을 어렵지 않게 감지할 수 있다.

폭발성. 석 달이라는 짧은 기간에 집중적으로 발생한 이 수많은 쟁의들의 가장 큰 특징은 바로 그것이었다. 최소한의 요구조차 제도적으로 해결할 수 있는 통로가 부재한 상황에서 오랫동안 억눌려온 노동자들은 거의 대부분 선파업-후협상의 길을 택했고, 한 사업장에서의 쟁의는 이웃 사업장으로 곧장 전파되는 식으로 전개되었던 것이다. '파업 투쟁에서 부각된 현장지도부들—이들 중 상당수는 앞에서 이야기한 이들, 즉 6월항쟁 이전부터 미래를 준비하던 이들인 것으로 보인다—을 구심점으로 해서 노동자들 스스로 자기 사업장의 문제가 일단락되면 너나 할 것 없이 전단을 들고 이웃 사업장으로 달려'갔고, 비슷한 작업조건에 놓인 이웃사업장의 성공 사례에서 투쟁을 조직하고 파업을 이끄는 방법을 배워가면서 투쟁 전술을 공유하는, 즉 "서로가 서로에게 가르쳐주고 배우는" 일들이 자연스럽게 일어났고 이후 (특히 제조업 생산직 노조들이) 지역적 틀을 중심으로 연대하게 되는 기반도 바로 여기에서 생겨났다고 할 수 있다.

그리고 87년이 노동운동에서 뚜렷한 분기점이 될 수 있는 이유 중 하나는 경공업부문의 중소기업에 주로 종사하는 여성 노동자들(대개는 미혼이며 피치 못한 상황으로 전반적인 학력도 낮았던)이 중심이 되었던 70년대의 민주노조운동과 달리, 70년대 이래 국가의 전폭적인 지원 아래 성장한 중공업부문 대기업의 생산직 남성노동자들로 노동운동의 주도세력이 변화되었다는 점이다(주지하다시피, 오늘날까지 이 특징은 계속 이어지고 있다). 대개 기술입국의 기치 아래 세워진 공업계 고등학교들에서 교육을 받았으며 동질적인 작업조건에 놓여 있던 20~30대라는 비슷한 연령층의 젊은 생산직 남성노동자들 중심의 제조업부문 대기업 사업장(이 경우 대부분 거주지역과 작업지역이 일치한 점 역시 연대의 형성에 유리한 조건으로 작용했다)에서 지역의 투쟁을 선도하고 구심점을 형성한 후, 그를 통해 열려진 공간을 비제조업부문 및 사무직들이 활용하는 형식으로 대투쟁은 진행되었다. 이 점은 또한 전국적으로 보았을 때 노동자 100인 미만 사업장의 대부분, 그리고 100~300인 사이 사업장의 4분의 3에서 쟁의가 발생하지 않았다는 점(이는 우리가 쉽게 떠올리는 대투쟁의 이미지와 다를 수 있지만 대투쟁의 성격을 잘 보여주는 지표라고 보여진다)에서도 잘 드러나며, 대투쟁이 전반적으로 이른바 '외부세력의 개입과 조종'보다는 현장노동자들의 자발적인 움직임에 의해 폭발적으로 진행된 것(이는 노동자들의 '아래로부터의 참여'라는 남한 민주노조운동의 전통이 되어, 다소 희미해지긴 했지만 오늘날까지도 이어지고 있다)은 사실이지만 동시에 (단위 사업장 내지 지역

수준에서) '씨뿌리는 노동을 통해 미래를 준비해온 응집적 세력'의 존재 여부가 투쟁의 조직화와 민주노조결성에 이르는 도정에서 중요한 요소로 작용했다는 점을 확인할 수 있다.

이제 87년 대투쟁을 평가하는 데 있어서 핵심적인 지점인 '응집적 세력'에 대해 살펴볼 차례인데, 여기서 우리는 두 가지 신화와 편향을 경계할 필요가 있다. 80년대 내내 수많은 학출들의 현장투신이 이어졌다는 것과, 대투쟁은 '순수하게 노동자들의 자발성에만 의존했다'는 편향이다. 85년의 두 투쟁을 다룬 앞 글에서 이야기했던 것처럼, 80년대에 대학생들의 대대적인 현장투신이 있었던 건 분명한 사실이지만 우리는 그것을 제한적으로 받아들일 필요가 있다. 광주항쟁에 대한 신군부의 학살 이후 대대적인 현장투신이 있었던 건 분명하며 그런 학출들을 빼놓고는 80년대 노동운동을 설명할 수 없다는 점 또한 틀림없는 사실이지만, 85년의 두 투쟁에 대한 평가를 둘러싼 논쟁 및 노선 갈등을 통해 상당수의 학출들이 현장에서 빠져나오거나 혹은 현장활동에 대한 비중을 줄이고 그 대신 '정치적 노동운동론'의 정립과 혁명적 정세라는 판단을 통해 현장 외곽조직으로 활동의 무게중심을 옮겨갔으며, 이 시기에도 대투쟁보다는 임박한 대선에 어떻게 대처할 것인가 하는 문제가 그들의 핵심적인 관심사였다는 점을 기억할 필요가 있다.

이 점은 다른 어느 지역과 비교하더라도 많은 수의 학출들이 진출했던 수도권 지역이 대투쟁 시기 동안 영남권에 비해 전반적으로 조용했다는 점에서도 잘 드러난다(물론 여기에는 85, 86년

투쟁 패배의 후과 등 복합적인 요소들이 작용하고 있다). 따라서 대투쟁 시기에 이른바 '외부세력'의 조직적인 개입은 거의 없었다고 보여지며, 일반노동자들에 의한 대중적인 노조운동으로 노동운동의 중심축이 이행하는 계기가 바로 대투쟁이었다는 점 역시 확인할 수 있다. 그렇다고 해서 이를 순수한 노동자들의 자발성의 발현에 의한 것으로만 파악하는 것 또한 일면적이다. 85년의 두 투쟁 이후에도 학출들 중 일부는 해고된 노동자들 및 현장의 일부 노동자들과 함께 모임을 꾸리거나 노동현장 주변에서 상담소 등을 운영하는 형태로 현장과의 직접적 관련성을 계속 유지했고, 이들과 함께 활동한 노동자들이 대개 대중파업을 조직하거나 혹은 현장지도부로 활약했으며 이쪽의 학출들 역시 노조설립 등의 법적·제도적 문제를 해결하는 데 있어서 중요한 역할을 한 점을 놓쳐선 안 된다. 다시 말해 활동가운동과 대중운동의 분리라는 큰 흐름은 지속되고 있었지만, 일부에서의 결합이 남긴 영향력은 상당히 컸다고 할 수 있다.

대투쟁에서 노동자들이 내건 주요한(그리고 공통적인) 요구사항이 임금인상, 민주노조쟁취, 작업장에서의 인간적인 대우였다는 점에서도 드러나는 것처럼, 대투쟁은 전반적으로 기본적인 권리인 노조결성운동과 제도개선투쟁이라는 낮은 수위에서 진행되었으며 이런 점에서 70년 전태일 열사 이래로 노동자들이 외쳤던 요구사항과 본질적으로 다르지 않았다. 하지만 남한 사회의 맥락에서 보았을 때, 그 낮은 수위는 결코 쉽게 폄하할 수 없는 의미를 지니고 있었음에 틀림없다. 대투쟁을 통해 드러난 대중파업의 거대한 흐름은 '조직적·의식적 측면에서' 남한 노동계급의 재형성 과정이었다는 점에서, 그리고 60년대 이후 본격화된 국가자본주의적 발전 국면의 유기적 전환을 강제하고 새로운 국면을 이끌어 냈다는 점에서 그러하다. 하지만 만사가 잘 풀린 것만은 아니다. 해방 공간에서의 대중운동의 패배라는 역사적 기억 및 전쟁 이후 극우반공국가에 의한 강력한 역동원 counter-mobilization의 경험들, 기형적인 정치사회의 질서와 이데올로기 구도는 다시 시작된 집합적 노동자들의 계급형성에 커다란 장애물 역할을 하여, 노동운동진영은 대투쟁의 후속타로서 노동자정당 등의 제도적인 틀을 통한 영향력을 만들어내지 못했고 노동자들의 계급적 결속은 지체되었다(역사의 무게를, 역설적으로 느끼게 하는 지점이다). 개별 사업장 단위와 전국적·정치사회적 차원에서 나타나는 집합적인 역량의 큰 차이, 기업별 노조체제의 지속(이는 사회적 안전망이 부재한 탓에 재직시의 임금에 모든 것을 걸 수밖에 없는 상황과 밀접한 관계를 맺고 있다) 등으로 인해 기업의 경계선이 계급적 결속력을 위협하는 등 오늘날 노동자들이 안고 있는 상황은 87년 대투쟁과 직접적으로 이어져 있다고 볼 수 있다. 그런 의미에서 당면과제의 해결과 중장기적 전략의 수립을 위해, 현재의 틀을 기본적으로 만들어갔던 대투쟁 시기에 대한 검토를 통해 다시금 '과거와 보조를 맞출 필요가 있다.'

다시 마주한 미래
프랑스, 1995년 '불만의 겨울'

1995 년 겨울 프랑스 노동자 총파업 때 나는 정말 묘하게도, 몇백 미터만 걸어가면 자유를 위해 피 흘린 역사적 현장이 나타나는 그 나라의 수도에 있었다.⋯ 나는 그해 11월 말과 12월 초 사이에 꼭 네 번, 1968년 '혁명' 이후 가장 크다는 그 나라 총파업 노동자들의 시위대 속에 끼여들어, 우리 현장 노래들보다 몇 배나 더 전투적인 저희 투쟁가의 가사를 적어주며 "솔·리·달·리·떼!"라고 외쳐대는 노동자와 학생들을 따라 그 유명한 '연대' 구호를 불러보았었다.⋯ 그로부터 1년 뒤인 1996년 겨울 나는 여의도 광장 우리 노동자 대집회장에 나가 단위조합별 기수들이 든 수많은 깃발이 한강을 타넘은 찬 바람을 맞아 휘날리는 것을

보고, 침묵을 지키다가 마침내 입맞추어 터뜨리는 우리 노동자들의 큰 외침소리를 들었다.…… 나 개인은 1995년에 시작해 1997년까지 이어진 두 나라 노동자들의 투쟁, 즉 신뢰할 수 없는 권력이 결정하는 조건에 따르지 않겠다는, 미래를 위한 당당한 저항에서 배운 것이 많았다──조세희, 「무산된 꿈, 희망의 복원」, 『당대비평』 1호에서.

1970년대 말부터 신우파 세력이 득세하기 시작하면서, 그리고 1989년 결정적으로 현실사회주의 블록이 해체되면서, 노동계급의 반란이라는 것은 다시금 과거의 케케묵은 기억인 듯 취급받았다. 물론 그런 가운데에도 브라질, 남아프리카, 그리고 남한에서는 대중파업 유형의 새로운 노동운동의 폭발이 나타나기도 했었다. 하지만 많은 학자들은 이를 최근에야 산업화를 경험한 제3세계 일부 국가의 뒤늦은 성년식 정도로 치부했다. 이런 현학자들의 공론이 문자 그대로 발가벗겨진 것은 1995년 겨울, 제1세계인 프랑스에서 노동계급 전투성이 공공부문 총파업이란 형태로 분출하면서였다. 이때부터 킴 무디 같은 이가 전세계적인 파업 물결의 전개를 다시금 입에 담게 된 것이다.

1995년 프랑스의 '불만의 겨울'은, 직접적으로는 우파인 쥐페 수상의 사회복지제도 개혁안('쥐페 계획')에서 비롯됐다. 이 계획은 전적으로 신자유주의적 건전 재정 원칙을 충족시키려는 의도에서 각 정당이나 노동조합과는 아무런 상의도 없이 전격적으로

의회에 제출됐다.

계획안의 골자는 첫째, 프랑스 사회복지제도의 재정 적자를 가계에 전가하는 것이었다. 재정 적자를 메우려는 의도에서 제출된 RDS라는 세금안은 주로 근로 소득에 부담을 주도록 되어 있었다. 둘째로, 쥐페 정부는 연금 보험의 재정 불균형 문제를 해결한다는 명목으로 민간부문에 이미 도입된 '40년 근속 원칙'(40년 이상을 근속해야 정액의 퇴직 연금을 지급받을 수 있다는 원칙)을 철도 등 공공부문으로 확대하려고 했다. 하지만 여기서 고려되어야 할 것은 철도 노동자들의 평균 수명이 일반 노동자들보다 10년 정도 더 낮다는 점이다. 셋째로 쥐페 개혁안에는 프랑스 사회보장제도의 독특한 노·사·정 합의 구조를 국가주도체제로 바꾸려는 계획이 포함되어 있었다. 프랑스의 사회보장제도에서는 사회보장기금이 세금이 아니라 노동자들의 미래 대비 예탁금으로 자리매김되어 있으며, 따라서 노동조합이 기금 관리에 중요한 역할을 한다. 그런데 신자유주의적인 쥐페 정부는 사회복지 비용을 줄이려는 신자유주의의 진짜 속내를 실현시키기 위해 국가 주도의 세금 중심 복지체제를 추진하는, 신자유주의 교리에 대한 배교 背敎 행위를 추진했던 것이다!

파업은 철도 노동자들의 주도로 발생했다. 11월 24일에 철도노조의 파업이 시작됐고 나흘 후 파리 지하철 노동자들이 여기에 동참했다. 적어도 철도 산업 내에서는 프랑스의 3대 정파노조, 즉 사회당을 지지하는 민주노동연맹(CFDT), 공산당을 지지하는

1995년 자주관리를 요구하는 프랑스 총파업

노동총동맹(CGT), 독자적인 생디칼리즘을 추구하며 이제까지는 사회당과 밀월 관계에 있었던 노동총동맹–노동자의 힘(CGT-FO) 등이 손발이 착착 맞는 공동투쟁을 벌였다.

그로부터 한 달 가량 뒤인 12월 20일까지 프랑스 전역에서는 공공부문 노동자들의 파업이 불규칙하게 계속됐다. 파업은 노조의 명령에 따라 질서정연하게 이뤄진 것이 아니라 기층 노동자들의 결의에 따라 폭발과 휴식을 반복했다. 그리고 모든 파업 대오는 예외없이 가두 시위대로 발전했다. 68혁명의 열기마저 비껴갔던 보수 지역인 남부의 마르세이유, 툴루즈, 보르도 등지에까지 5만에서 10만의 시위대가 운집했다. 인구 분포상 이는 이들 도시의 극우파 지지 노동자들까지 합류하지 않고서는 불가능한 일이었다. 또한, 파업 와중인 11월 25일의 여성 시위에는 3만 명의 시위대가 단지 여성의 요구만을 쟁점으로 하여 시위를 벌였다. 시위대 안에는 파업 노동자들뿐만 아니라 차마 파업까지는 결의하지 못한 많은 민간부문 노동자들과 교육환경 및 등록금 문제로 정치화된 학생들도 포함되어 있었다. 철도, 통신의 두절과 휴교 사태에도 불구하고 분통을 터뜨리기는커녕 파업 노동자들을 적극 지지한 프랑스 시민들의 반응은 이미 전설이 되어 있다.

사실 1990년대 초반에 들어서면서 프랑스에서는 산업 행동이 부활하는 조짐을 보였다. 1993년 이후 해마다 계속된 에어프랑스의 파업이 그 대표적인 예였고, 민영화에 대항해 싸운 프랑스텔레콤 노동자들의 경우도 잘 알려져 있다.

이러한 깊은 동요는 기본적으로 정부의 공공부문 및 사회복지 축소 정책에서 비롯된 것이었다. 그리고 이는, 쥐페 계획이 바로 그러한 것처럼, 마스트리히트 협정에서 확정된 단일 통화 중심의 유럽 통합 일정이 아니면 생각할 수 없는 것이었다. 마스트리히트 협정이 유럽 각국에 강제한 내용은 한마디로 통화주의의 건전 재정 원칙이었고, 이는 케인즈주의 시기 형성된 재정 지출 확대의 산물인 공공부문과 사회복지의 대학살을 의미한다. 그리고 이는 다시 전후 형성된 프랑스 공화국의 중심적 합의를 겁 없이 침해하는 것이었다. 자칫 공공부문 노동자들의 밥그릇 싸움으로 보일 수도 있었던 1995년의 공공부문 파업이 단숨에 전체 노동인구의 동참을 이끌어내고 이념의 좌·우를 넘어서서 대다수 시민의 지지를 얻어낸 것은 바로 이러한 사정 때문이었다.

1936년의 프랑스 공장점거 파업이 그러했던 것처럼 이번의 폭발 역시 정치권의 '좌향좌'와 비교적 행복하게 결합했다. 95년 겨울의 총파업 이후 해마다 트럭 운전사들의 파업을 상징적인 전위로 삼아 계속돼온 노동자들의 전투성은 리오넬 조스팽을 수반으로 하는 사회당, 공산당, 녹색당 연합의 좌파 정부 수립으로 이어졌다. 잘 알려져 있다시피 이 정부는 쥐페 개혁 등으로 나타난 신자유주의적 해결책에 근본적으로 대항하는 독자적인 사회개혁 청사진으로 '노동시간 단축을 통한 실업 및 경제위기 해소'를 내세웠다. 이 프로젝트는 최근까지 유럽 사회민주주의 세계 내에서 제출된 대안 중에서는 좌파의 근본 정신에 가장 충실한 것으로 평가된다.

이러한 정책이 추진될 수 있도록 만든 동력은 프랑스 사회당의 변덕스러운 급진주의도 아니었고, 그들 자신 심각하게 우경화하고 있는 공산당과 녹색당의 왼쪽으로부터의 견제도 아니었다. 바로 95년의 투쟁으로 깨어난 프랑스 공화국의 혼, 즉 삶의 위협에 대항해 투쟁하는 노동자·시민의 연대 정신이었다.

하지만 95년 파업으로 부활한 프랑스 노동운동의 투지가 좌파 정권의 노동시간 단축 실험으로 일단락된 것은 아니다. 특히나 프랑스의 95년을 90년대 들어서면서 세계적인 차원에서 벌어지고 있는 노동자 파업 물결의 일부로 위치지우는 킴 무디 등의 시각을 따른다면 더더욱 그렇다. 프랑스 내에서도 노동시간의 법률상의 단축만으로는 만족할 수 없는 노동계급의 여러 세력이 대중투쟁을 거듭하고 있다. 98년의 실업자 시위나 최근의 트럭 운전사 파업을 눈여겨 보라.

여기서 중요한 것은, 과거에도 그랬듯이 이번의 파업 물결도 이전 투쟁과는 다른 혁신의 지점을 스스로 만들어내고 있으며, 그러면서도 다른 한편으로는 이러한 혁신의 지점들이 좌파 정치의 혁신으로까지 발전하기 위해선 어떤 의식적인 노력들이 더해져야 한다는 점이다.

3대 노총 중 그 어디에도 속하지 않은 '연대·단결·민주주의(SUD)' 같은 새로운 형태의 노동조합이나 교원노조 내의 좌파 세력이 독립한 통일조합연맹(FSU) 등이 등장해 맹활약을 하는 것이 이미 많은 논평자들의 주목을 받고 있다. SUD나 FSU는 실업자운동이나 여성운동 같은 작업장 바깥의 사회운동들과 적극적으로 연대하려 하며 노동조합을 경제적 이해 추구 기구보다는 일종의 사회운동조직으로 이해한다는 점에서 프랑스 노동운동의 역사에 새롭다('사회운동적 노동조합주의'). 또한 3대 노총 안에서도, 보다 원칙적이면서 덜 정파적인 세력들이 등장해 각각 조직 내부의 혁신을 이끌고 있다.

이러한 노조운동 내의 발전이 정치 세계로까지 이어진 예로는 지난해 유럽의회 선거에서 공산당에 육박하는 득표를 기록한 혁명적 공산주의 동맹(LCR)과 노동자투쟁(LO)[둘 다 프랑스의 대표적인 트로츠키주의 정파]의 선거연합을 들 수 있다. 이들은 95년 파업, SUD·FSU 활동, 프랑스텔레콤 민영화 반대 투쟁, 르노 자동차 파업, 실업자 시위, 자본 주도 세계화 반대 시위 같은 노동계급 중심 사회운동들에 적극적으로 결합하면서 지지를 넓혀 왔다.

하지만, 이러한 가능성들이 과연 과거의 패배와 오류들을 보상해주고도 남는 성취로 이어질지는 여전히 미지수이다. 이 물음은, "가령 수많은 저널리스트들은 이[95년 파업]를 끝나가는 시대의 마지막 구식 파업으로 보려 한다. 그러나 이것이 다가오는 세기의 반 反신자유주의 파업의 최초의 위대한 예가 아니란 법은 없지 않은가?"라는 다니엘 벵사이드(68 학생반란의 지도자이며 현재 LCR의 이론가)의 반어법을 반어법이게 하기 위해 우리가 넘어서야 할 중대한 질문이며, 눈 앞에 전개되는 대중투쟁의 격렬함에 취할 뿐인 그런 사람들은 도저히 이해할 수 없는 저 역사를 건 내기,

'의식적 노력'의 문제다.

* 95년 프랑스 공공부문 총파업은 아직 '역사'의 영역에서 논하기에는 지나치게
가까운 과거의 사건인 모양이다. 한글로 접할 수 있는 문헌은 다니엘 벵사이드,
「신자유주의의 개혁과 민중의 반란」, 연세대 문과대 교지 『문우』 32호(1997년),
소피 베로, 「'12월 운동'이 남긴 것은 무엇인가?」, 『진보평론』 3호(2000년 봄) 뿐이
다. 킴 무디, 『신자유주의와 세계의 노동자』(사회진보를 위한 민주연대 옮김, 문화
과학사, 1999)는 이 투쟁을 집중적으로 연구한 것은 아니지만, 그 시대정신을 적절
하게 정리하고 있다.

남한 전역을 뒤덮은
신자유주의적 노동법 개악 반대의 물결
1996~97년 노동자 총파업

해가 저물어가던 96년 세밑 어느 새벽, 영등포에는 추위와 긴장감으로 굳은 표정을 한 일군의 사람들이 하나둘씩 모여들고 있었다. 이들은 자신들이 왜 불려나왔는지를 너무나도 잘 알고 있었다. 그건 다름아니라 크리스마스에 들뜬 세상 사람들에게 선물 아닌 선물을 뒤늦게라도 전해주기 위해서였다. 이들은 또한 임무를 수행하는 데 있어 주의할 점도 잘 알고 있었다. 사람들이 원치 않는 선물이기에 몰래, 그리고 신속하게 갖다두어야 하고 만약 들킬 경우 우격다짐으로라도 일단 안겨놓아야 한다는 것을, 그런 후에는 당신이 선물을 '이미 받았으니' 돌이킬 수 없는 일이며 알고보면 모두를 위해 좋은 선물이라고 뻔뻔하게 우겨야 한다는 것을 선배들의 행적에 대한 학습을 통해 주지하고 있었다. 실제로 이 날의 방법 역시 3선개헌을 통과시켰던 선배들의 작전을 그대로 본딴 것이었다. 어쨌든 다 모인 후 여의도로 이동한 이들은 단 7분 만에 임무를 완수했다. 수많은 사람들의 삶의 조건을 좌지우지할 노동법을, 그것도 엄청나게 개악시킨 채로 통과시킨 이들은, 세간에서 날치기라고 부르는 자신들의 재빠른 솜씨에 스스로도 경탄하면서 권세를 천년만년 이어가기 위한 기틀을 마련한 것을 자축하고 있었다. 그러나 이들의 부질없는 희망과 달리, 상황은 그것으로 종료되지 않았다. 오히려 이들의 행동은 새로운 역사적 국면의 도래를 촉발하는 매개로 작용했다. 다름아닌 한국전쟁 이후 최초의 전국적 총파업이라는 거대한 흐름을.

87년 대투쟁 이후 급속하게 성장하여 89년 최고조에 이르렀던 민주노조운동은, 90년대 들어 지배계급의 공세 강화와 경기침체가 맞물리면서 여러모로 고전하고 있었다. 민주노조운동의 전국적 구심체를 건설하는 과제와 관련하여 (집중적인 탄압으로 인한 전노협 세력의 약화와 노동운동 전체의 온건화 등) 여러 우여곡절을 거친 끝에 95년 민주노총의 출범이라는 결실을 낳았지만, 민주노총은 운동 내부적으로 중장기적인 방향을 설정하고 동의 수준을 높여나가며 현장의 기반을 더 확장해야 하는 것과 동시에 외부적으로 '불법'이라는 달갑지 않은 딱지를 떼어버리는 것을 통해 제도적으로 인정받고 인지도를 높여야 하는 이중삼중의 과제에 직면에 있었다. 한편 지배계급 역시 60년대 이래 장기호황을 가능하게 했던 축적구조가 6월항쟁과 대투쟁을 거치면서 근본적으로 뒤흔들린 후 자본–노동 관계를 재구축해야 하는 과제에 직면해 있었고 90년대의 경기침체를 거치면서 그 필요성은 더 절박해졌다. 자본은 90년대 들어 무노동무임금 논리, 파업에 대해 노조간부 고소·고발 및 노조가 감당하기 어려운 액수의 손해배상 청구소송 제기, 그리고 이른바 '신경영전략'의 도입과 체계적 노무관리 실시를 통한 노조의 현장기반 잠식 등 공세적인 조치를 통해 노동운동의 힘을 약화시킬 수는 있었지만 그 자체를 없앨 수는 없었다.

이와 같은 상황에서 87년 대투쟁을 거치면서도 온존된 기업별 노조체계는 노동운동 진영뿐만 아니라 노조와의 격렬한 대립을 매년 피할 수 없던 자본에게도 점점 더 불편한 것으로 여겨지면서 새로운 체계를 만들어내야 한다는 필요성이 암묵적으로 공유되고 있었다. 하지만 그 목적과 상은 전혀 달랐다. 노동운동 측은 개별 기업의 협소한 경계를 넘어 하나의 계급으로 단결하는 데 유리한 산별노조로의 전환을 지향했지만, 자본은 기업별 노조체계의 해체를 통해 단위노조의 힘을 무력화하고 그에 기반하여 노동시장의 유연성을 높여 개별화된 노동자에 대한 완전한 통제권을 확보하는 데 초점을 맞추고 있었다. 국가 역시 격렬한 노자대립을 피하고 사회적 합의라는 형식을 통해 생산성과 경쟁력을 향상시킬 수 있는, 그러면서도 실질적으로는 노동을 길들여 장기적인 자본축적에 유리하게 작용하는 틀을 만들 필요가 있었다. 94년의 이른바 '임금인상에 관한 노·경총 합의' 역시 이런 상황에서 나온 것이었다. 하지만 이 합의의 파탄을 통해 노동운동진영에

신자유주의에 반대하는 노동자 투쟁은 지금도 계속되고 있다

서 실질적인 영향력이 없는 노총을 파트너로 삼아서는 결코 노동 진영 전체를 포괄하여 실제적인 사회적 효력을 창출할 수 없으며 어떤 식으로든 민주노동운동 진영을 끌어들일 수밖에 없다는 것이 분명해지면서, 정부 일각의 이른바 온건파들이 중심이 되어 '참여협력적 신노사관계' 창출을 위한 사회적 합의를 도출할 수 있는 틀거리를 구상하게 되었으며 이것은 96년 노사관계개혁위 (노개위)의 출범으로 이어졌다.

96년 4월 24일 '불법단체'인 민주노총 위원장을 포함한 노·사, 시민단체, 언론계 및 학계 대표, 관계부처 인사들이 모여 '신노사관계 구상'을 발표한 후 5월 9일 출범한 노개위는 노동과 자본을 대표하는 단위들이 모여 남한 최초로 실질적인 사회적 합의를 이끌어내고 낙후한 노사관계를 개혁할 가능성이 있는 공식적인 테이블로서 주목받았으나 그 외양과는 달리 처음부터 결함을 지니고 있었다. 노개위를 주도하는 온건파들은 정권의 전폭적인 지지·후원을 받지 못하고 있었고, 노동 진영 역시 들러리만 서게 될 가능성 때문에 내부적으로 반대하는 흐름이 상당 부분 존재했으며, 자본은 실질적인 합의 도출보다는 자신들의 목표 달성에만 관심이 있었다. 그럼에도 노개위가 출범할 수 있었던 것은 정부 일각의 온건파들의 구상—거칠게 말하자면, 집단적 노사관계법 부분에서는 자본 쪽에서 양보를 끌어내고 개별적 노사관계법 부분에서는 노동 쪽에서 양보를 끌어내어 생산성 향상을 위한 노자 협력 구도를 만들고자 한—이 합법화에 관심 있던 민주노총 및 노동시장 유연화를 요구하던 자본의 입장과 맞아떨어지는 부분이 있기 때문이었다.

　하지만 교원노조 및 공무원노조 문제(이 부분에 대해서는 국가
역시 제2의 교원단체는 인정할 수 있지만 '노조는 안 된다'는 비타
협적 자세로 일관한다), 복수노조 인정 등이 얽힌 집단적 노사관
계법과 정리해고, 파견근로제 및 87년에 폐지되었던 변형근로시
간제 부활과 관련된 개별적 노사관계법에서의 대타협은 결국 이
루어지지 못했다. 선언적 의미를 지닌 합의문이 7월에 발표되고
그 이후 107개 조항에 대한 합의도 이루어졌지만, 핵심 쟁점이던
41개 항(복수노조 문제, 정리해고제, 교원의 단결권, 쟁의기간 중
의 대체근로 허용 문제 등)에 대해서는 노자가 팽팽하게 대치하면
서 어느 쪽도 헤게모니를 장악하지 못하는 국면이 지속되었다.
이후 핵심 쟁점들에 대해 합의되지 않은 상태로 만들어진 노개위
안을 토대로 12월 3일에 확정된 정부안은, "우리가 보아도 심했
다… 표정관리하느라고 애먹었다"라는 말이 자본 측에서 나올
정도로 편향적인 상태로 12월 11일에 제출되었다. 이에 대해 민주
노총은 9월 말에 불참선언을 하고, 12월에 들어서는 13일에 경고
성 총파업을 하겠다는 결정을 내리고(하지만 이는 실제로 유보된
다) 산하 노조들이 4일 일제히 쟁의 찬반투표에 돌입했으며, 한국
노총 역시 12월 16일 총파업을 예고하고 준법투쟁 지침을 시달하
면서 정치권을 압박했지만 국회에서는 그에 아랑곳하지 않고 안기
부법과 함께 노동법을 (그나마 복수노조 부분과 정리해고 부분을
정부안보다도 더 개악시킨 채로) '날치기'로 통과시키고야 만다.
지배계급의 이러한 오만은 90년대 들어 약화된 노동운동이 그리

오래 저항하지 못할 것이라는 나름의 판단에 근거한 것이었다.

하지만 그러한 판단은 착오임이 곧 드러났다. 수세적인 상황에 몰렸던 민주노총은 날치기 통과 직후 즉각 총파업에 돌입했다. 26일 당일 현대자동차, 현대중공업, 기아자동차 등 88개 사업장 15만여 명의 노동자들이 기계를 멈추면서 시작된 1단계 총파업 (96년 12월 26일~97년 1월 2일)은 금속연맹, 자동차연맹, 현총련 등 제조업 노동자들이 주축이 되고 사무직의 전문노련과 공공부문이 가세하는 양상으로 진행되었다. 완성차노조와 조선업종, 병원노조 등에 이어 28일에는 서울지하철이 파업에 돌입했다. 총파업은 예상했던 것보다 훨씬 더 거세게 번져 나가면서, 새해 연휴를 기점으로 잦아들 것이라는 국가-자본의 희망섞인 예측과 노동진영의 불안을 단숨에 뛰어넘어 그 열기는 2단계 총파업(97년 1월 3일~1월 14일)으로 이어졌다. 1월 3일에 자동차연맹과 금속연맹 일부에서 다시 불붙은 총파업은 7일에는 언론노련 등의 공공부문의 파업으로 이어지는 등 제조업에서 사무전문직 전체로 파업이 확대되었으며 일부 제조업 노조는 동력 회복과 완급 조절을 위해 부분파업으로 전환했다. 또한 이 시기부터 의료서비스, 차량정비 서비스 등 '국민과 함께 하는 투쟁' 및 대시민 선전전이 광범위하게 이루어졌고 1월 14일부터는 그간의 갈등관계를 접고 한국노총과 공동의 투쟁대오를 형성하게 되었다. 이러한 상승 분위기는 3단계 총파업(1월 15일~1월 19일)으로 이어졌는데, 이 시기에는 총파업의 전 기간 중에서 가장 많은 노조와 노동자들이 참여하여 투쟁이 최고조에 도달했고 교수, 종교인, 변호사, 주부들에 이르기까지 민주주의 투쟁전선이 더욱 확대되었다.

이에 대해 연말까지는 다소 관망적인 자세를 취하던 정부는 새해 들어 '노동법, 안기부법 재협상 절대 불가'를 선언하며 강경 대응 방침을 세우지만, 1월 7일의 연두기자회견에서 염장지르는 발언을 한 대통령으로 인해 민중의 분노가 더욱 치솟으면서 외형 상으로라도 입장을 변화시킬 수밖에 없는 상황으로 몰리고 있었 다. 이런 상황에서 지배계급은 '거리에서의 민중정치' 흐름을 차 단하기 위해 국회라는 틀로 논의를 다시 끌어들이는 쪽으로 방향 을 선회했다. 지배계급이 '국회 내에서의 재논의 가능성과 사법처 리 유보'를 발표하면서 부르주아 정치의 외양을 복원하려는 시도 를 하던 그때, 민주노총은 1월 17일 제10차 투본대표자회의에서 '유연전술로의 전환(전면파업을 철회하고 수요파업으로 전환)'이 라는 전술적 후퇴 결정을 내렸고 이 시기 이후 총파업 투쟁국면은 의회 내에서의 협상 국면으로 급속하게 전환하게 되었다. 전술적 전환 이후 민주노총은 4단계 총파업(1월 20일~2월 28일)을 진행 시켰지만 전체적으로 파업 투쟁은 소강국면으로 접어들면서 마 무리되었다. 이후 국회에서의 논의를 거쳐 3월에 여야합의로 재 개정된 노동법은, 정부안과 날치기안의 절충적 형태로 만들어지 면서 수많은 독소조항들을 안고 있었지만, 정치적 대표체를 지니 지 못하고 있던 노동운동진영으로서는 어떠한 실질적인 영향력 도 행사할 수 없었다.

그렇다 하더라도 총파업은 민주노총의 사회적 지위를 크게 고 양시켰고, 외형적 침체 양상을 보이던 노동계급의 투쟁 동력이 살아있음을 보였으며, 세계적으로 진행되는 신자유주의에 맞선 노동계급의 투쟁에서 하나의 기폭제 역할을 한 것과 동시에 사회운동 내에서 노동운동의 중심성을 다시금 확인시킨 일대 사건임에 틀림없다. 또한 한동안 끊어졌던 진보정당 건설의 흐름을, 그 이후 다시 불러일으킨 중요한 계기이기도 하다. 하지만 총파업의 구체적인 전개과정은 이러한 의의와 가능성들 못지 않게, 총파업에서 제기된 문제들의 영향력 아래에 여전히 놓여있는 우리에게 검토하고 풀어가야 할 문제가 많이 있음을 상기시켜 준다. 이와 관련된 몇 가지를 질문 형식으로 간략하게라도 살펴볼 필요가 있다.

초보적 민주주의마저 짓밟은 날치기 통과에 대한 공분이 투쟁을 대중적으로 널리 확산시킨 것은 분명하지만, 그렇게 확장된 투쟁전선에서 '핵심적인 쟁점들을 중심으로' 총파업 투쟁전선 내부의 정치와 교육이 과연 어느 정도 효과적으로 이루어졌던가? 오히려 진정한 쟁점들을 중심으로 투쟁대오가 재편되기보다는 절차적 민주주의에 대한 광범위한 공분 속에서 쟁점들이 묻혀버린 것은 아니었을까? 또한 전체 과정에서 핵심적인 국면이었고 가장 고조되었던 상황에서 내려진 전술 전환 결정을 어떻게 받아들여야 할 것인가? 투쟁 동력이 상당 부분 소진된 상태였기에 지도부 개개인들에게 도덕적 책임을 물어야 할 문제가 아니라는 점을 객관적으로 전제한다 하더라도, 급속하게 소강국면으로 접어들어가면서 실질적으로 투쟁의 종결에 이르고 기성 정치권의 담합의 장으로 중심이 급속하게 이전된 그 이후의 상황을 곱씹어

볼 때 다른 선택이 원천적으로 불가능한 상황에서 비롯된 운동 전체의 한계로 받아들여야 할까? 조금 더 거슬러 올라가서 노개위 참여 문제를 따져보자면, 정부 내의 개혁적 분파에 대한 과도한 기대와 합법화에 대한 지나친 집착은 없었던가 하는 점 역시 검토해야 할 문제이다. 이른바 신경영전략 이래 누적된 노동자들의 불만이 폭발하면서 어느 누구도 예상하지 못했던 정도로 격렬하게 총파업이 진행된 것은 분명한 사실이지만, 그러한 총파업 결정은 민주노총 지도부가 적극적으로 준비하고 선택했다기보다는 수세에 몰린 상황에서 내려진 측면이 농후하다는 점에서도 그러하다. 또한 날치기를 통과시킨 정부를 계속 몰아붙이면서도, 총파업이 수그러든 시기뿐만 아니라 활발하게 진행되던 시기에도 개별 사업장에서의 각개격파 및 포섭전략을 통해 전국적 투쟁전선을 해체시키고 문제를 국지화하고자 한 자본의 전략에 대해 노동운동진영이 적극적인 대응전략을 펴지 못했고, 그 결과 그간의 손실을 만회한다는 명목으로 생산성 향상을 위한 협력 선언이 파업 종결 후 곳곳에서 이루어지는 등 자본의 헤게모니가 지속된 모습을 기억하고 있는 이들이라면, 이러한 문제들을 모른척하기 어려울 것이다. 여기에서 상론할 수는 없지만, 역사적인 총파업에 대한 우리의 평가는 여러 각도에서 제기된 이러저러한 문제들에 대한 보다 냉정한 검토를 필요로 한다. 총파업에 대한 뒤돌아보기를, 단지 좋았던 시절에 대한 애수 어린 회고가 아니라 현 단계에서 한 걸음 더 내딛기 위한 디딤돌로 삼고자 한다면 더욱더 그러하다.

끝나지 않은 여행
1999년부터 시작된 라틴아메리카의 파업 물결, 그리고 우리…

1998 년 겨울 브라질에서 세 번째로 큰 주 州인 미나스제이라스의 주지사 이타마르 프랑쿠는 헤알 화가 곤두박질치는 가운데 모라토리엄을 선언했다. 이미 메르코수르를 통해 하나의 시장으로 통합되어 있는 라틴아메리카 대륙에 이는 대륙 전체의 경제위기를 의미하는 것이었다.

대브라질 수출에 경제의 커다란 부분을 의존하고 있는 아르헨티나 정부의 메넴 대통령은 곧바로 경제의 '달러화 dollarisation'로 이에 대응했다. 통화 위기의 해결책으로 아예 자국의 통화주권을 포기하고 미국 연방준비제도이사회의 품에 안기겠다는 것이었다. 사실 이는 별로 충격적일 것도 없는 진부한 이야기였다. 이미 브라질 카르두수 정부는 헤알 화의 달러 연동을 통해 인플레이션을 억제해왔다. 그 즈음부터 라틴아메리카 곳곳에서는 '달러화'가 신자유주의의 주요 강령 중 하나로 외쳐졌다.

이러한 조치가 민중의 실생활에 어떤 영향을 미칠지는 분명하다. 엄격한 통화정책은 결국 고금리와 불황의 인위적 심화를 낳는다. 그것은 IMF와 세계은행이 요구하는 정부 차원의 구조조정 조치를 수반한다. 민영화, 해외매각, 연금 등 사회보장제도의 해체, 그리고 정리해고. 너무도 낯익은 단어들이 아닌가?

그리고 얼마 안 있어 1999년 2월 콜롬비아에서는 정부의 공공부문 축소 정책에 반대하는 총파업이 벌어졌다. 백만에 육박하는 파업 대오에는 국영 정유회사 노동자들, 보건부문 노동자들, 교사들 같은 공공부문 노동자들이 압도적이었다. 이는 98년 10월에 있었던 이 나라 총파업의 뒤를 잇는 것이었고, 다른 한편으로는 이후 연쇄적으로 벌어질 라틴아메리카 각국의 파업 물결을 선도하는 것이었다.

7월에는 인근 에콰도르의 택시 노동자들이 투쟁의 선두에 섰다. 이들은 정부 긴축정책의 일환으로 등귀한 자동차 연료비에 항의해 파업을 벌였는데, 이는 단숨에 불만에 찬 민중들 전체를 깨웠다. 에콰도르에서는 대통령이 누구로 바뀌느냐에 상관없이 지난 몇 해 동안 IMF가 실질적인 경제정책 입안자의 역할을 맡아왔다. 하일 마우아드 현 대통령 이전의 다른 대통령들도 이런 경제 종속에 대한 민중의 불만으로 권좌에서 밀려났지만 그렇다고 이런 현실이 뒤바뀌지는 않았다.

그래서 그런지 이번의 투쟁은 예사롭지 않았다. 에콰도르 원주
민연합과 사회운동연합으로 조직된 인디오 농민들이 대중파업의
중심에 등장했다. 이들은 에콰도르 지역사회의 상징적 구심인 가
톨릭 교회를 하나하나 점거하면서 수도인 키토로 행진해 들어왔
다. 7월 중순에 들어서 투쟁은 소강 상태에 들어서는 듯 보였지만,
과연 그럴까?

무대는 다시 콜롬비아로 옮겨진다. 8월 31일부터 9월 2일까지
콜롬비아의 3대 노조에 조직된 노동자들과 실업자, 농민, 빈민,
인디언 소수 종족들이 총파업을 벌였다. 여전히 쟁점은 공공부문
구조조정에 대한 반대였다. 이번의 투쟁에는 가계 저축 은행인
구매력보존은행(UPAC)에 대한 채무로 고통받고 있는 중간계급도
동참했다.

콜롬비아 무장혁명군(FARC)이나 민족해방군(NLA) 같은 농민
반군 조직이 국토의 반 가량을 점령하고 있는 콜롬비아의 독특한
상황에서 이러한 총파업은 농촌 지역의 무장 투쟁과 연결돼 일반
적 파업 이상의 정치적 의미를 띠지 않을 수 없다. 실제로 FARC는
민영화의 한가운데에 있는 전력 시설을 점령하고 전력 요금 인하
등 민중 중심의 공공부문 개혁을 요구하며 투쟁을 지원했다.

11월 10일에는 경제 위기의 진앙지인 브라질에서 1백50만 노동
자들이 총파업에 돌입한다. 브라질의 민주노총인 CUT가 주도한
이 총파업에는 수도 브라질리아를 비롯, 사웅파울루, 리우데자네
이루 등의 노동자, 학생들이 대거 참여했다. 브라질에서도 파업투

브라질의 무토지농민운동(MST)

쟁의 쟁점은 자본의 세계화 압력에 굴복한 정권의 경제 정책에 반대하는 것이었다. 석유산업 등 주요 공기업의 민영화, 수입시장 개방 정책이 도마에 올랐다. 이들 정책은 최근 공산품 가격의 급상승과 실업률의 두 배 이상 급증(8퍼센트)을 낳았던 것이다.

이번 총파업에는 무토지농민운동(MST)으로 조직돼 지난 몇 년 동안 토지개혁 요구를 내세우며 토지점거운동을 벌였던 농민들이 적극적으로 가담했다. 이들은 최근 아르헨티나에서 빈번히 나타나고 있는 시위 방식을 받아들여 고속도로를 점거하며 한 지방의 교통을 마비시키는 투쟁을 벌였다. 일부 지역에서는 최근 브라질에서 자주 나타나고 있는 거대 상점과 은행에 대한 약탈이 벌어졌다.

그리고 다시 에콰도르. 해를 바꾼 2000년 1월 21일, 그 동안 수도 키토를 향해 진격하며 이 도시를 겹겹이 포위해왔던 노동자, 농민, 인디오 원주민, 학생 대오는 수도의 주요 정부 기관들을 하나하나 접수하며 문자 그대로의 '혁명'에 돌입했다. 투쟁을 주도한 원주민연맹은 두 개의 노총과 함께 기존 국가권력의 철폐와 새로운 민중의회의 건설을 공공연히 외쳤다. 실제로 이미 작년부터 점거되기 시작한 각 지방에는 지역 단위 민중의회가 건설돼 있었다. 그리고 여기에 군대 내의 일부 하사관과 장교들이 병력을 이끌고 운동 세력에 결합했다. 마우아드 대통령은 도망쳤다. 민중의회와 함께 민·군혁명평의회가 구성됐다. 서방 언론들은 '쿠데타'라는 전보를 띄웠다. 이에 대해 서방 좌파는 재빠르게 '혁명'이라는 정정을 주장했다. 그러나… 과연?

불행히도 구 군부 핵심이 혁명 장교들로부터 재빨리 명령권을 환수했고, 이들은 부통령 구스타브 노보이가 합헌적인 지도자임을 선언했다. 수도를 점령했던 인디오 대중은 흩어졌고, 노보이는 다시 IMF 정책의 준수를 확인했다. 다시 이번에도 인류의 전사 前史는 그 끈질김을 입증했다.

*   *   *

로자 룩셈부르크와 함께 러시아를 향해 첫 걸음을 내딛으며 시작한 우리의 여행은 올해 1월의 에콰도르 대중파업을 잠정 기착지로 이렇게 한 세기의 여정을 일단 마친다. 이 앞에 또 무엇이 일어날지 우린 알 수 없다. 하지만, 세계와 우리 나라를 통틀어 20여 건 이상의 총파업, 대중파업 사례들을 함께 살펴본 독자들로서는 일단 다음의 진술에 동의하지 않을 수 없을 것이다.

현실사회주의권의 몰락과 WTO로 상징되는 새로운 무역질서의 구축에 따라 명실공히 자본의 자유로운 운동의 장애물이 사라진 지금, 자유주의에 의해 세계가 평정되었고 이러한 의미에서 자본의 헤게모니가 지구적으로 관철되고 있는 지금에 이르러 역설적으로 자본주의가 등장한 이래 사상 유례없는 규모로 아메리카, 유럽, 아시아, 아프리카를 불문하고 온 세계가 총파업의 물결에 휩쓸려 들고 있다. 총파업으로 상징되는 노동자의 공장·가두 정치가 어느 때보다도 위력을 발휘하고 있다. 우리나라에서의 9

6~97년 총파업 투쟁에서, 1997년의 독일과 1999년의 멕시코에서
는 신자유주의적인 대학정책에 반발한 학생들의 파업과 대학 점
거 투쟁, 1999년의 시애틀에서 WTO에 반대하는 가두시위에 이르
기까지 파업, 공장·대학 점거와 가두 시위 등의 저항 정치는
자본운동이 '지구적'으로 자신의 운동영역을 확장하는 만큼 첨
예화되어 가는 모순들의 결과로서 개량주의 정치를 훨씬 뛰어넘
는 새로운 역동성을 보이면서 출현하고 있다. 바로 이러한 현실
은 자본·제국주의 관계의 지양이라는 관점에서 노동자 대중파
업, 즉 파업의 정치학을 다시금 새롭게 분석해야 할 필요성을 제
기한다──── 고민택·남구현, 「파업의 정치학: 파업과 계급투쟁」, 『진보
평론』 3호에서.

　대중파업은 분명히 역사의 놀라운 가능성의 순간을 창출하며,
지금 신자유주의라는 자본주의의 급진적 공세 속에서 그러한 순
간의 가능성은 더욱 커지고 있다.
　하지만 우리는 이 여행 가운데 또한, 단지 이러한 가능성에 입
을 다물지 못하는 것만으로는 해결되지 않는 근본적인 문제들이
존재한다는 것도 확인했다. 주기적으로 반복되는 세계적 파업 물
결은 왜 세계적인 변혁의 시작으로 도약하지 못하는 것일까? 이
물음의 근본성을 충분히 인식하고 있다면 '파업의 정치'를 탐구하
는 것만으로는 뭔가 심각하게 부족하다는 데 동의할 수밖에 없을
것이다. 아니 그 파업의 '정치'에 대해 가일층 진지한 태도로 접근
하지 않을 수 없을 것이다.

단순한 '개량주의'로 환원되지 않으면서 '파업의 정치'의 딜레마에 도전하는 그런 좌파 정치의 가능성이란 무엇인가? MST의 직접 투쟁과 손 맞잡으면서 리우 그란데 두 술 주에서 지방자치체의 장악을 통해 참여민주주의, '국가의 민주화'라는 실험을 시도하고 있는 브라질 노동자당 좌파는 과연 이러한 도전에 대해 어떤 시사점을 던져주는 것인가? 같은 시대 지구의 반대편에서 투쟁하는 우리는 이 도전에 어떻게 응답할 것인가?

커다란 의문 부호와 함께 시작됐던 우리 여행의 궤적에는, 다시 한번, 어떤 확정된 대답이라기보다는 실천적인 의문뿐이다. 그래도 감히 이 의문을 두려워하지 않는다면, 동유럽의 겨울 벌판으로 향하던 그 유대 여인은 지금 바로 우리, 바로 당신이다. 기차는 계속 앞으로 달려가고 있고, 우리는 잠들어 있지 않다.

* 작년의 라틴아메리카 파업 물결에 대해서는 국제연대정책정보센터(PICIS)가 매주 내는 『인터내셔널 뉴스』(http://picis.jinbo.net)에 실렸던 많은 글들을 참고할 수 있다. 얼핏 보기에는 파업의 정치학과 전혀 관계없는 듯이 보이는 브라질 노동자당 좌파의 참여민주주의 실험은, 제도 정치와 대중운동 정치의 접합을 이루려는, 오래됐지만 아직도 미완성인 시도의 하나이다. 이에 대해서는 『읽을꺼리』 3호, 5호(http://copyle.jinbo.net)에 실렸던 관련 글들을 참고하기 바란다.

보충 해설

본문에는 파업에 대한 이론적 논의들이 생략되어 있거나 지나치게 축약돼 있다. 그래서 약간의 해설을 달 필요를 느꼈다. 하지만, 이 역시도 독자들의 능동적인 독서를 위한 길라잡이 정도에 불과하다. 여기에 소개하는 문헌들을 꼭 읽어보길 바란다.

1. 왜 '파업'인가?

파업은 자본주의에 고유한 계급투쟁 형태이다. 자본주의에서 파업이라는 투쟁 형태가 가능한 것은 무엇보다도 '산 노동'의 결합이 없이는 '죽은 노동,' 즉 자본이 재생산되고 축적될 수 없기 때문이다. 노동자가 작업을 멈추는 순간 자본은 상품을 생산하고 판매함으로써 이윤을 얻는 자신의 활동을 전개할 수 없다. 바로 이 점 때문에 자본주의 초기부터 노동자들은 파업을 자본가들에 대항해 자신의 권리를 요구하는 집단행동의 대명사로 여겼다.

한편 자본주의 국가는 자본주의 이전의 국가와는 달리 피착취자, 피억압자의 권리를 선별적으로 수용하여 합법화할 줄 알았다. 자본주의 국가는 노동자들의 파업 행동에 대해서도 일정한 합법성을 부여했다. 이로써 자본주의 아래서의 노동자들의 파업 행동은 전 前자본주의 사회에서의 농민들의 집단행동과는 달리 봉기적 성격보다는 합법적 집단행동으로서의 성격을 지니게 되었다.

그러나, 이는 엄연히 제한된 틀 안에서만이다. "순수한 경제적 목적의 파업은 허용해도 정치적 목적의 파업은 용납될 수 없다"는 낯익은 엄포는 이러한 합법성의 한계를 명확히 보여주는 것이다. 하지만, 순전히 임금인상만을 위한 파업을 예로 든다 하더라도, 그것이 정부의 물가 정책이나 복지 정책 등과 연결되는 한 어디까지가 '경제적 목적의 파업'이고 어디부터가 '정치적 목적의 파업'인지 가리기는 힘들다. 사실 파업을 둘러싼 합법성의 경계라는 것의 모호함은 자본주의 국가가 전제하는 '경제'와 '정치' 사이의 분리라는 것의 모호함을 보여주는 것일 뿐이다.

더구나 자본주의가 발전하면 할수록 자본의 집적과 집중이 강화돼 독점자본이 등장하고 경제에 대한 국가의 개입이 보다 적극적인 형태로 나타나면서 이전까지 개별 사업장에 갇혀 있던 파업은 더 이상 그런 제한된 형태에 머물 수만은 없게 된다. 거대한 공단이 형성되면 한 공장의 파업이 단박에 수십, 수백 개 공장의 파업으로 전염될 수 있고 더 나아가서는 한 지역사회 전체의 동요로 이어지는 수가 허다하다. 또한 철도, 통신 등 전국에 걸쳐 존재하는 기간산업 노동자들이 파업을 벌이면 이는 그것이 비록 작업장 내의 문제만을 쟁점으로 하는 투쟁이라 할지라도 그 자체 전국민적인 정치적 문제로 비화된다.

이는 결국 파업 현상이, 인간 삶의 모든 영역을 사회화시키는 근대 자본주의의 심원한 차원과 직결되어 있음을 보여주는 것이다. 자본주의 사회에서 인간은 노동의 사회화를 통해 동료 인간과의 협력 없이는 살아갈 수 없는 '사회적 인간'이 된다. 물론 자본주의 사회에서는 이것이 어떤 협동과 연대로서보다는 단지 자본가와 노동자의 착취관계, 상품화폐사회, 관료적 위계제 등의 부정적 형태로만 나타난다.

파업은 이렇게 모든 인간이 '사회적 인간'으로만 살아갈 수 있는 자본주의의 심원한 차원을 이용해 지배자들을 골탕 먹이는 전략적 행동이라 할 수 있다. 가령 환경미화원 파업이 일어나면 지배자들은 환경미화원 없이는 자신들의 청결한 삶을 유지할 수 없다는 것을 깨닫고, 이는 환경미화원들이 그들의 요구를 관철시킬 수 있는 힘이 된다.

하지만, 더 나아가 파업은 그 행동에 참가한 노동자들로 하여금 자본주의의 외피로만 나타나곤 하던 사회화된 삶의 모습을 새롭게 바라보게도 한다. 자신들의 노동이 더해지지 않고서는 사회의 일부가 작동할 수 없음을 확인하면서 파업 참가자들은 '사회적 인간'으로서의 자신의 무력감이 아니라 그 능동적 힘을 체감한다. 여기서 모든 파업 행동의 윤리적 기초를 이루는 '연대감'은 자본주의와는 다른 형태로 사회화가 전개되는 사회가 가능하지 않을까 하는 기대와 연결되기도 한다. 그러나, 그것은 아직까지는 막연하기 이를 데 없다.

독자들은 파업에 대한 일반적 설명으로, 고민택·남구현의 논문 「파업의 정치학: 파업과 계급투쟁」,『진보평론』3호(2000년 봄)를 참고할 수 있다. 하지만 무엇보다도, 파업 행동의 정치적 의미에 대해 설명하는 고전적 문헌인 레닌의 「파업에 대하여」(홍승기 편역,『레닌 저작선』, 거름, 1988)를 꼭 읽어보기 바란다.

2. 제2인터내셔널의 정치 총파업 논쟁

경제투쟁으로 제한되지 않는 파업투쟁의 가능성에 대해서 본격적으로 논의되기 시작한 것은 20세기 벽두 제2인터내셔널의 노동자 정당들 안에서였다. 물론 그 이전에도 프랑스, 이탈리아 등 라틴 유럽 나라들의 노동운동 내에는, 단순한 개별 공장의 파업이 아닌 전국적 총파업을 통해 분출되는 노동계급의 힘으로 자본주의 사회를 바꿀 수 있다는 막연한 생각을 정치적 노선으로까지 확대시킨 혁명적 생디칼리즘 사상이 유행했다. 하지만, 제2인터내셔널의 사회주의 정당들은 의회주의적 방식으로든 봉기를 통한 방식으로든 어쨌든 자본주의를 전복하기 위해서는 정치권력의 장악이 중요하다는 전제 아래, 이러한 혁명적 생디칼리즘 사조를 비판했다. 혁명적 생디칼리스트들은 전국의 노동자들이 일손을 놓으면 정치권력이 노동자들의 손아귀에 들어갈 것이라는 공상에 사로잡혀 있다는 것이었다.

하지만, 그렇다고 해서 사회주의자들이 총파업이라는 무기의 가능성을 완전히 무시한 것은 아니었다. 이들은 혁명적 생디칼리즘의 공상에는 동의하지 않았지만, 총파업이 부분적 무기로 활용될 가능성을 탐색했다. 1891년 벨기에에서 벌어진 총파업은 그 첫 번째 기회였다. 벨기에 사회당은 보통선거권의 획득이라는 정치적 목표를 내걸고 총파업을 벌였다. 이후 이러한 정치적 총파업은 벨기에뿐만 아니라 덴마크, 스웨덴 등지에서도 반복됐고, 1904년 이탈리아에서는 이것이 몇몇 도시의 시가전으로까지 발전했다. 1905년 러시아 대중파업의 양상은 이미 어느 정도는 서유럽의 사례를 통해서 예견됐던 것이었다.

당시 유럽의 가장 크고 발전한 노동자 정당이었던 독일 사회민주당 내에서는 이런 정치 총파업이 과연 독일 노동계급에게도 유효한 무기가 될 수 있을지를 놓고 치열한 논쟁이 벌어졌다. 사실 본문의 1905년 러시아 대중파업 부분에 나오는 로자 룩셈부르크의 주장은 이 당시의 논의들을 알지 못하고서는 제대로 이해할 수 없는 것이다.

간략하게 이야기하면, 독일의 노동조합 지도자들은 정치 총파업의 의의를 전면 거부했다. 1905년 쾰른 노동조합 대회에서 이들은 모든 정치 총파업 논의를 거부하는 결의를 통과시켰다. 이에 반해 사회민주당은 정치 총파업을 '제한적으로' 인정했다. 이들은 보통선거권의 획득이라는 목표를 쟁취하기 위한 평화적 수단으로 정치 총파업이 활용될 수 있다고 보았다. 여기에는 베른슈타인의 수정주의 분파도 동의했다.

그러나, 칼 카우츠키와 로자 룩셈부르크는 정치 총파업이 한 번 불붙으면 그것이 사회민주당이 바라는 것과 같은 '제한된' 성격에 그치는 일은 있을 수 없음을 직시했다. '대중파업'에 대한 로자의 주장이 제시되는 것은 바로 이 맥락에서이다. 로자는 특히 1905년 제1차 러시아 혁명의 경험을 정리하면서, 일단 정치 총파업이 시작되면 이는 기존의 조직 노동자들을 넘어서 인구의 대다수를 휩쓰는 거대한 파도로 성장하지 않을 수 없고 결국 정치권력의 장악을 현안으로 제기하는 혁명적 상황을 불러일으키고 만다고 역설했다. 로자는 이를 '대중파업'이라 불렀다. 카우츠키 역시 바로 이 점을 지적했다. 하지만, 카우츠키는 바로 그렇기 때문에 정치 총파업은 독일 같은 선진 자본주의 나라에서 결코 사회민주당의 무기가 될 수 없다고 주장한 데 반해, 로자는 그렇기 때문에 혁명적 무기로서 대중파업이 승인되어야 한다고 주장했다.

쾰른 노동조합 대회의 결의에도 불구하고 1905년 독일 사회민주당의 예나 당대회는 러시아 혁명의 고조된 분위기 속에 정치 총파업이 하나의 전술로 채택 가능하다고 결정했다. 하지만, 이러한 절충적인 승인조차도 노동조합 진영을 불편하게 만들었기 때문에 다음 해의 만하임 당대회에서는 이 결정의 폐기가 추진됐다. 이에 대항하기 위해서 펴낸 책이 바로 로자 룩셈부르크의 『대중파업론』이다. 한편, 레닌 역시도 「러시아의 파업통계」(홍승기 편역, 『레닌 저작선』, 거름, 1988)란 글에서 로자가 1905년 러시아를 관찰하고 얻은 것(파업 파동의 존재, 경제파업과 정치파업의 상호전화 등)과 거의 비슷한 결론을 이끌어내고 있다.

합법적 노동자 정당이 정치 총파업을 자신의 전술로 채택할 수 있는지 여부는 현대의 노동자 정당에서도 초미의 쟁점이다. 예를 들어 1984년 영국의 대처 보수당 정권이 광부노조의 파업에 대해 공격을 가했을 때 노동당 좌파인 토니 벤과 데니스 스키너는 광부들을 돕기 위한 '전면적 산업행동'(즉, 정치 총파업)에 나설 것을 주장했었다. 하지만, 이는 노동당 지도부와 노동조합 간부들에 의해 저지됐다.

정치 총파업 논쟁에 대해서는 1905년 러시아 대중파업을 설명하는 장에 소개된 문헌들을 직접 읽어보기 바란다. 한편, 혁명적 생디칼리즘에 대해서는, 서울대 프랑스사 연구회 편,『프랑스 노동운동과 사회주의』(느티나무, 1989)의 제4장 "생디깔리즘"을 참고할 수 있다.

3. 대중파업에 대하여

파업의 양상 중에서도 가장 대규모적인 것이 바로 로자가 말한 대중파업이다. 총파업 general strike이 한 산업부문 전체, 혹은 전국의 모든 조직 노동자들이 참여한다는 의미에서 보통의 파업보다 훨씬 큰 규모의 파업을 지칭한다면, 대중파업 mass strike은 조직 노동자를 넘어서서 노동계급의 후진적 부문, 혹은 비노동계급 대중까지 참여하는 전 민중적 항쟁이라는 점에서 총파업보다도 훨씬 대규모의 사회 현상이다.

이런 점에서 대중파업은 이미 자본가와 노동자 사이의 산업행동의 수준을 넘어선다. 그것은 자본주의 국가와 다수 근로대중 사이의 투쟁을 함축한다. 따라서, '대중파업'이라는 말을 함부로 남발하는 것은 개념의 오용이다. 예를 들어, 박성인의「민주노조운동과 대중파업」,『진보평론』3호(2000년 봄)는 그런 혐의에서 자유롭지 못하다. 엄밀히 말해 한국 민주노조운동에서 대중파업 국면은 1987년의 7·8·9월 노동자 대투쟁과 그 후 몇 년간에 한정된다. 민주노조운동의 총파업 전술 일반을 '대중파업'이라 부르는 것은 우리의 현실 인식을 오히려 흐리려 측면이 있다.

한편, 로자는 자신의 저서에서 대중파업의 인과관계를 다음과 같이 설정하고 있다.

노동계급 일부의 경제투쟁 ─────────> 대중파업
                                           1) 혁명정당의 선전·선동
                                           2) 정부의 폭력적 개입

그리고 이 인과관계로 채 설명하지 못하는 부분은 대체로 '노동계급의 자발성'으로 설명한다. 이것이 로자로 하여금 '자발성주의자'라는 비판을 받게 한 대목이다.

하지만 우리에게는, 로자 룩셈부르크와는 달리, 그녀의 사후에 등장한 수많은 후속 대중파업 사례들이 있다. 따라서, 이들 사례의 비교 연구를 통해 그녀가 찾아낸 것보다 훨씬 풍부한 인과관계를 찾아낼 수 있다.

필자는 그러한 인과 사슬 중의 하나가 노동계급에 대해 자본주의 국가가 이데올로기적 정당성을 급속히 상실하게 되는 상황이라고 주장한다. 가령, 러시아 노동자들이 정부의 폭력적 탄압에 직면해 차르 정부의 신성국가 이데올로기의 붕괴를 체험하는 순간, 이탈리아 노동자들이 전쟁을 통해 이완된 국가 체제 안에서 러시아 혁명의 낭보를 마주하는 순간, 프랑스 노동자들이 수년간의 극우파의 압박 뒤에 좌파 정부를 갖게 되고 자신들이 이러한 유례없는 행복을 2백 퍼센트 누릴 자격이 있다고 여기는 순간, 미국 노동자들이 미국 헌법은 바로 노동자의 편이라는 확신을 얻는 순간, 한국 노동자들이 개헌 약속이 바로 자신들의 삶의 개선에 대한 약속이어야만 한다고 믿는 순간, 대중파업은 발생한다.

이런 접근은 로자 룩셈부르크가 '정부의 폭력적 개입'이라고만 정리했던 요인을 보다 풍부히 재정리할 것을 요구하며, 또한 그녀가 '노동계급의 자발성'으로 환원시킨 인과관계의 나머지 부분을 기존 자본주의 국가에 대한 노동계급의 동의가 결정적으로 균열된다는 이데올로기적 차원으로 설명할 수 있음을 보여준다.

변혁적 정치세력은 '대중파업'이라는 말을 남발하기보다는 대중파업적 분출이 가능할 수 있을 엄밀한 조건에 대한 이해에 기반하여 일상투쟁을 통해 진정한 승부의 기회를 준비해야 할 것이다.

로자 룩셈부르크의 책에는 사실 '대중파업'과 밀접하게 연관되어 있지만 개념적으로 분명히 구분되어야 할 또 다른 현상이 설명되고 있다. 그것은 바로 '파업 파동 strike wave'이다. 로자와 레닌 모두 주목한 1905년 러시아의 파업 물결은 이 파업 파동의 정점에서 벌어지는 일들을 잘 보여준다.

현대의 사회과학자들은, 보다 광범한 역사적 증거들을 갖고, 마치 장기호황과 장기불황을 반복하는 자본주의의 장기파동과 같이 긴 시간을 두고 파업 물결의 쇄도와 침체를 반복하는 파업 파동 곡선을 주장하기도 한다. 영국의 맑스주의 산업사회학자인 존 켈리 John Kelly가 그 대표적인 학자이다. 그는 자본주의 장기파동 곡선(대표적으로, 콘드라티예프 파동)과 파업 파동 곡선 사이의 상호 연관을 주장하기까지 한다.

그러나, 그의 '파업 파동'론에서 보다 중요한 것은 파업 물결이 쇄도할 때마다 그 결과로 노동계급의 계급의식이 고양된다는 연구 결과다. 1960년대 말~70년대의 영국 같은 파업 파동의 고양기에는 두터운 규모의 선진 노동자층이 형성되고 노동계급의 저항 문화가 고조됨으로써 계급의식의 발전이 이뤄진다. 하지만, 이러한 계급의식의 발전은 파업 파동의 추이 속에서 다시 후퇴할 수 있다. 이를 접합하고 응축시키는 역할을 맡아야 하는 것이 바로 사회주의 대중정당이다.

이와 같은 존 켈리의 연구 결과는 그의 저서 *Trade Unions and Socialist Politics*(Verso, 1988)에 서술돼 있다. 이 책은 몇 년 전부터 한국산업사회학회의 젊은 연구자들에 의해 번역이 추진 중이다. 국내에서 '파업 파동' 개념을 사용한 연구로는, 고세훈의 「노동조합운동의 이념적 성격에 관한 비판적 연구: 영국과 한국의 경우」, 『사회비평』 10호(1993년 겨울)가 있다.

4. 공장점거 파업에 대하여

공장점거 파업은 자본가와의 노동계약을 침해함으로써 노동계약의 갱신을 추구하는 행위라는 점에서 다른 파업 행동과 다르지 않다. 그러나 고전적인 파업이 노동자들이 작업현장에서 철수함을 통해 이뤄지는 데 반해(보다 적극적인 경우에도 대개 가두투쟁을 동반하는 정도일 뿐이다), 공장점거 파업은 오히려 작업현장을 무단 점거함을 통해 이뤄진다는 점에서 파업 일반 중에서도 확실히 독특한 형태이다.

사실 공장점거 파업은 어떤 전략적 전망보다는 노동자들의 자기방어 본능에서 비롯되는 경우가 많다. 노동자들이 철수한 작업장에 자본가가 대체 인력을 투입할 가능성이 높을 경우, 작업장에서 철수한 노동자 대오에 대해 폭력적인 탄압이나 테러가 가해질 가능성이 높을 경우, 노동자들은 흔히 고전적인 파업전술보다는 공장점거 파업을 택한다. 노동자들이 공장을 점거하면, 대체 인력의 투입을 막을 수도 있고, 기계설비의 파괴를 두려워하는 자본가들로 하여금 쉽게 파업대오를 공격하지 못하도록 할 수도 있기 때문이다. 1930년대의 미국 노동자들이 그러했고, 1987년 노동자 대투쟁 이래 우리 민주노동조합운동의 파업전술이 대체로 그러했다.

그런데 공장점거 파업은, 의도했든 의도하지 않았든, 생산 현장을 투쟁의 장소로 삼음으로써 노동자들로 하여금 생산의 사회화를 누가 조직하느냐 하는 문제가 바로 계급투쟁의 핵심에 자리하고 있음을 자각하게 만들 가능성이 높다. 1930년대 미국의 공장점거 파업을 다룬 장에서 인용한 것처럼 트로츠키를 비롯한 많은 맑스주의자들이 이런 가능성에 주목했었다.

그러나, 이런 가능성이 충분히 실현된 것은 비교적 초기의 공장점거 사례이면서도 동시에 상당히 예외적인 수준으로까지 발전한 경우인 1919~20년의 이탈리아 공장점거 투쟁뿐이다. 당시 이탈리아의 토리노에서는 그람시의 『오르디네 누오보』그룹의 의식적 지도 아래 공장점거 투쟁이 공장평의회를 통한 노동자 자주관리로까지 발전했다(이와 비견될 수 있는 대규모의 노동자 자주관리 시도로는 1970년대 초 아옌데 정부 아래서의 칠레 노동자들의 운동이 있다). 반면 1930년대 프랑스와 미국의 공장점거 파업은 그런 가능성을 충분히 보여주지 못했다.

1987년 이래 우리 민주노동조합운동에서 공장점거 파업은 하나의 상식이었다. 1989년, 90년의 현대중공업 노동자들의 투쟁은 그 대표적인 예일 따름이다. 따라서, 노동자의 힘(준비모임),『결코 꺾이지 않은 미완의 투쟁: 한라중공업 노동자투쟁 공장점거파업투쟁 분석』(1999)에서 보이는 공장점거 파업에 대한 강조는 다소 새삼스러운 면마저 있다. 물론 이는 우리 노동운동의 자랑스런 전통이 IMF 위기 이후 심각하게 훼손, 망각되고 있는 데 대한 자연스러운 반감에서 비롯된 것이다.

하지만, 우리는 단순히 공장점거 파업의 의의를 강조하는 데 머물러선 안 된다. 우리의 전투적 기업별 노동조합 구조가 서구 공장점거 파업의 주역인 공장위원회 혹은 공장평의회 등과 어떻게 비슷하고 어떻게 다른지, 따라서 우리 노동운동이 작업장 수준의 역동성을 발전시키면서 동시에 전 계급적인 사회운동으로 성장하기 위해서는 어떠한 전략적·조직적 대안이 필요한지 논의하는 차원으로까지 나아가야 한다.

독자들은 공장점거 파업에 대해서, 앞에 소개한 고민택·남구현의 논문과 함께, 주프 비서의 「공장점거와 산업민주주의」,『읽을꺼리』 2호(http://copyle.jinbo.net)를 참고할 수 있다.